Japanese Conversation for
Building Relationships
Learn How to Make Small Talk

构建人际关系的日语会话
学会闲聊

Giao tiếp tiếng Nhật
để xây dựng các mối quan hệ
Cùng học cách tán gẫu!

今田恵美
髙井美穂
吉兼奈津子
藤浦五月
田中真衣
著

関係作りの日本語会話
雑談を学ぼう

中上級（N2）〜

英・中・ベトナム語
翻訳付き

Kurosio
くろしお出版

目　次
もく　　じ

第1課　親しくなるきっかけを作ろう（1） ……………… 13
だい　か　した
好みや興味の話題作り　　　　　　　　　　親しさ ★☆☆
この　きょうみ　わ　だいづく　　　　　　　した
POINT 1　自分と似ているところについて、いろいろな言葉で共感を示す
　　　　　じ　に　　　　　　　　　　　　ことば　きょうかん　しめ
POINT 2　自分と違うところについて、もっと話してもらう
　　　　　ちが

第2課　親しくなるきっかけを作ろう（2） ……………… 23
だい　か　した
小さな不満・不安の共有　　　　　　　　　親しさ ★☆☆
ふ　まん　ふ　あん　きょうゆう　　　　　した
POINT 1　不満を「私たちのもの」として示す・共感する
　　　　　ふ　まん　　　　　　　　　　　しめ　きょうかん
POINT 2　不安を「私たちのもの」として示す・共感する
　　　　　ふ　あん　　　　　　　　　　　しめ　きょうかん

第3課　親しくなるきっかけを作ろう（3） ……………… 35
だい　か　した
その場の話題探し　　　　　　　　　　　　親しさ ★⯪☆
ば　わ　だいさが　　　　　　　　　　　した
POINT 1　その場にいる人・その場にあるものを話題にする
　　　　　ば　　　　　　　　　　　　　　わ　だい
POINT 2　相手の持ち物を話題にする
　　　　　あい　て　も　もの　わ　だい
POINT 3　その場にいる人の話題をきっかけに、自分たちについて話す
　　　　　ば　　　　　　わ　だい

第4課　もっと親しくなろう（1） ………………………… 47
だい　か　した
前にした話の続き　　　　　　　　　　　　親しさ ★★☆
まえ　つづ　　　　　　　　　　　　　　した
POINT 1　前の話の続きを聞きたいところから聞く
　　　　　　　　　つづ
POINT 2　相手が前に話した内容を確認しながら聞く
　　　　　あい　て　　　　　　ないよう　かくにん
POINT 3　前に相手にどこまで話したか確認しながら話す
　　　　　　　あい　て　　　　　　　　　かくにん

第5課　もっと親しくなろう（2） ………………………… 59
だい　か　した
身近な人とのエピソード　　　　　　　　　親しさ ★★★⯪
みぢか　　　　　　　　　　　　　　　　　した
POINT 1　「オチ」に向けてエピソードを話す
　　　　　　　　　む
POINT 2　複数の人のせりふを「私」の立場で話す
　　　　　ふくすう　　　　　　　　わたし　たちば

COLUMN

ダウンロード　https://www.9640.jp/books_864/

▶ 音声ファイル　Audio files　音频文件　Files âm thanh 🔊 00
おんせい

▶ チェックリスト　Checklist　确认清单　Bảng kiểm tra

▶ 便利なことば（第1課、第3課の練習やタスクに使える語彙リスト）
べんり だい か だい か れんしゅう ごい

▶ 教師用指導書
きょうしようしどうしょ

この本を使って指導される方へ

　この本は、日本人と楽しくおしゃべりできない、なかなか友だちになれないという学習者の悩みに応えるために作られた中上級会話教材です。初級・中級レベルの目的がある会話（例：買い物や先生への依頼など）はできるけれど、雑談となると「何を話したらいいのかわからない」、「なぜか気持ちが通じあわない」など、もやもやを抱えている学習者は多くいるのではないでしょうか。

　この本では、学習者が、出会って間もない人々とお互いのことを知りあい、共通点や違いをそれぞれ尊重しながら関係を築き上げていけるようになること、自分らしさやアイデンティティを十分に発揮していきいきと話せるようになることを目標としています。

この本の特徴

1. 関係性の変化によって変わる話題や語彙、表現を学ぶ

　出会って間もないころ（出会いの初期）、少し親しくなったとき（中期）、気の置けない仲間になったころ（後期）では、話す話題や語彙、表現が異なっていることは、母語話者であれば実感として知っていることではないでしょうか。この本では、知りあってからの時間の経過に合わせて課が構成されており、そのような関係の深化に応じた適切な話題や語彙、表現を学べるようになっています。

2. 教室の中で、そして教室の外で、「本当の」人間関係を築く

　この本では、教室の外（地域社会の人々と）ではもちろんのこと、教室での授業においても、クラスメイトと「本当の」関係を築くための会話ができるようになることを目標としています。各課の練習はお互いの考え方を知りあうためにあり、単なるロールプレイではないことをいつも頭の片隅に置いておいてください。「目の前に向かいあった相手のことを知りたい、知っていこう」という意識だけで、ぐっと本当のコミュニケーションに近づくことでしょう。

3. 自律学習を促し、学習者が自分の会話をモニターする能力を養成する

　この本では、録音をして会話の発表を振り返る課題（STEP3）が組み込まれており、各課のポイントにフォーカスしながら客観的に振り返り、分析することができます。さらに、それをクラスで議論することによって、多くの気づきを得ることができます。

　ウェブからダウンロードできるチェックリストには、自己評価とそれを踏まえて今後の目標を書く欄がそれぞれ用意されており、自律学習を促すデザインとなっています。教室の外でも、授業やコースが終了したあとでも、自分の会話をモニターする能力はコミュニケーションの大きな支えとなるでしょう。

　この本は全7課で構成されています。課が進むにつれ、登場人物の大学生4人（マイク、静、さくら、山ちゃん）が関係を構築していきます。さらに、マイクと静の会話の話し手・聞き手として使える表現や技術のバリエーションがより豊かになっていきます。なお、各課の会話の話題は、知りあってからの時間と比例しています。

	登場人物の関係性（＝親しさ）	各課での示し方
第1、2課	出会いの初期	★☆☆
第3、4課	中期	〜
第5、6、7課	後期	★★★

◉ 学習を進めるにつれて、学習者は登場人物やクラスメイトの好みや興味、これまでの経験、家族や友人などについて少しずつ知っていき、関係を深めていけるようになっています。
◉ 日本語能力試験旧2級以上の語彙については右側に翻訳リストを設けています。

STEP 0 扉：学習者の経験しやすい「もやもや」をクラスで共有し、その課のねらいを確認

登場人物の関係性（＝親しさ）

課のねらい

1)「よくあるもやもや」をチェック

　イラストのような場面で学習者が難しいと感じたり、うまくいかなくて不満を感じたりしやすいことのチェックです。当てはまるものについて挙手したり、具体的なエピソードを振り返ったりさせてください。これらの「もやもや」解消のための表現方法は、STEP2で学習項目として取り上げられています。

2) 音声を聞いて、会話の内容や問題点を把握

　上級学習者にはここで音声を聞かせることによって、会話の内容や問題点を把握させる課題を与えてもよいでしょう。音声は次ページのSTEP1「もやもや会話」と同内容のものとなっています。

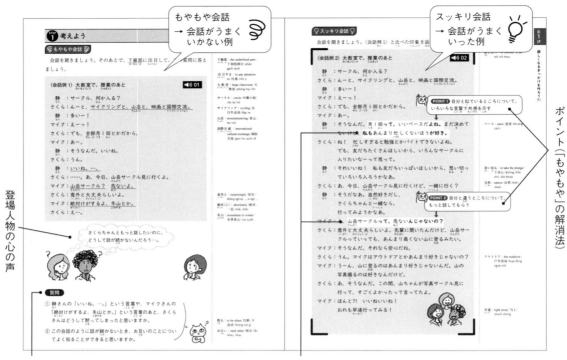

1)「もやもや会話」で問題とその原因を考える

　まず、扉のイラストで示した「もやもや会話」を、スクリプトを見ながら聞きます。次に、登場人物の心の声を確認し、ページ下にある質問を学習者に投げかけます。この質問は、うまくいかない原因を、会話の展開の仕方や言語形式といった観点から学習者に考えさせることを目的としています。

2)「スッキリ会話」で学習項目を確認する

　「もやもや会話」と比較して、登場人物らが楽しそうに会話を続けていることに気づかせます。**POINT** で示したテクニックがその課のポイント（「もやもや」の解消法）であることを確認します。スクリプト中の太字は、STEP2で扱う学習項目（表現）です。

STEP 2 学ぼう：ポイントとなる表現の練習

【練習】　練習には、1人で行うものとペアで行うものがあります。トラック番号（ 🔊 00 ）がついている練習は、例に音声を用意しています。練習の理解にお役立てください。イントネーションなどにも注意させてください。

【タスク】　ペアで自分自身のことを話す練習をします。

STEP 3 お互いについて知ろう：自分自身についての会話と、その発表
_{たが}

1)「話そう」で実践

STEP1、2での学習を踏まえ、ペアで自分自身のことを話します。会話の長さは、STEP1「スッキリ会話」が目安です。会話の「場面例」が提示してありますので、この場面に合うような自然な会話の始め方をするようにご指導ください。可能であればスマートフォンなどで録音してください。

2)「発表しよう」で振り返り

いくつかのペアの「話そう」の録音を聞き、次の3つの観点からクラス全体で振り返ります。

（1）内容が聞き手に伝わっているかどうか

（2）会話の展開の仕方や言語形式が適切であったかどうか

（3）クラスメイトについて新しく知ったことがあるかどうか

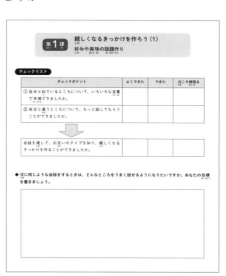

チェックリスト

課の最後では、チェックリスト（ウェブからダウンロード）を用いて目標の到達度を自己評価させます。その課で学んだポイントについて、「よくできた」「できた」「次こそ頑張る」の3段階でチェックさせます。チェックリストの下には、今後の目標を書く欄もあります。提出させれば成績評価にもご利用いただけます。

COLUMN

STEP2での学習項目として取り上げてはいませんが、STEP3「発表しよう」での会話をもう少し自然にしたいときなどに役立つ内容をまとめたものです。必要に応じて、フィードバックなどにお使いください。

学習時間の目安

1課につき90分2コマの学習時間を想定しています。各STEPにかかる学習時間の目安は右のとおりです。

STEP		学習時間（目安）
扉		5分
STEP1		15～20分
STEP2		20～30分× **POINT**
STEP3	話そう	15～20分
	発表しよう	30～40分

学習者の方へ
がくしゅうしゃ

Student guide: how to use this book　致各位学习者　Gửi đến các bạn học viên,

この本の目的
もくてき

Purpose of this book　本书的目的　Mục đích của sách này

「初級・中級日本語を勉強したけど、日本人の友だちと日常会話がなかなかスムーズにできないな」、「もっと自然な会話ができるようになりたいな」、「もっと日本語での会話を通して友だちと仲良くなりたいな」、「日本語で気持ちをうまく表せないな」と思うことはありませんか？　この本では、そんなもやもやした悩みを解消して、日本語で自然な会話ができるようになること、その会話を通して友だちと仲良くなることを目的にしています。

Do you ever feel like conversations with Japanese friends aren't going smoothly, even though you studied elementary and intermediate level Japanese? Do you want your conversations to sound more natural? Do you want to get closer to your friends through Japanese conversation? Do you have trouble expressing your feelings in Japanese? Then this book is for you. Its purpose is to solve such problems, to help you sound more natural in conversation, and to allow you to get closer to your friends through conversation.

"我已经学了初级、中级日语，但仍无法顺畅地和日本友人进行日常对话"，"希望能更自然地进行日语对话"，"希望日语对话能够增进友谊"，"无法用日语来表达自己的心情"，大家是否也过这些感受呢？本书的目的是解决这些烦恼，使大家能够更自然地进行日语对话，并通过这些对话来增进友谊。

Các bạn đã từng có những suy nghĩ như thế này không?, đại loại như : "Đã học tới sơ, trung cấp rồi nhưng lại không thể giao tiếp tốt với bạn bè người Nhật", "Muốn giao tiếp tiếng Nhật một cách tự nhiên hơn", "Thông qua giao tiếp tiếng Nhật muốn kết thân với nhiều bạn bè", "Khó mà biểu hiện cảm xúc bằng tiếng Nhật". Tập sách này có thể một cách nào đó làm vơi nỗi ưu tư, giúp bạn có thể giao tiếp được tiếng Nhật một cách tự nhiên, hơn nữa, qua những mẫu hội thoại trong sách này sẽ giúp các bạn có thể kết thân với nhiều bạn.

この本の構成
こうせい

Structure of this book　本书的构成　Cấu trúc của giáo trình này

STEP 0　扉
とびら
The chapter opening page　扉页　Dẫn nhập

よくある もやもや　**Common problems**　常见烦恼　Những băn khoăn thường gặp

日本語の会話でよく感じるもやもやした気持ち（例：会話が続かない、話が盛り上がらないなど）を考えます。ここに書かれているようなもやもやした気持ちを感じたことがあるか、チェックしてみましょう。

Here we take a moment to think about some common problems in Japanese conversation (e.g. the conversation doesn't last or liven up). Think back and see if you've ever encountered any of the problems listed here.

想一想在日语对话中经常遇到的困扰（例如：对话继续不下去，谈话不热烈等）。确认自己是否也有过这里所列的烦恼。

Có nhiều người cảm thấy băn khoăn （ví dụ: câu chuyện không kéo dài được, người tham gia hội thoại không hào hứng khi nói v.v..). Các bạn đã từng gặp phải những cảm giác băn khoăn được kể ra ở đây chưa. Hãy đánh dấu vào những mục hợp với mình.

STEP 1　考えよう　**Let's see what's going wrong**　想一想　Cùng nhau suy nghĩ

もやもや会話　**An awkward conversation**　郁闷的对话　Hội thoại đầy băn khoăn

スクリプトを見ながら「もやもや会話」を聞いて、どうしてコミュニケーションがうまくいかないのかを考えます。

Here we listen to an awkward conversation. Read along with the script, and try to figure out why the communication doesn't run smoothly.

阅读文字部分，同时听"郁闷的对话"，思考为何会出现沟通不顺畅。

Vừa xem nội dung bài khóa vừa nghe bài "Hội thoại đầy băn khoăn", nghĩ xem tại sao việc giao tiếp không diễn ra một cách thuận lợi?

スッキリ会話　**A smooth conversation**　顺畅的对话　Hội thoại rành mạch

スクリプトを見ながらもやもやが解消した会話を聞いて、その課の学習のポイントを確認します。

Here we listen to a much smoother conversation. Read along with the script, and have a look at the key learning points of the chapter.

阅读文字部分，同时听不再郁闷的对话，确认本课的学习要点。

Vừa xem nội dung bài khóa vừa nghe bài hội thoại sau khi đã giải tỏa được những băn khoăn, qua đó chỉ ra điểm mấu chốt của bài học.

学ぼう How can we do better? 学一学　Cùng nhau học

課のポイントとなる表現や使い方を学びます。「タスク」では、ペアになって自分自身のことを話す練習をします。メモをしてから練習してもいいですが、できるだけ自然に会話できるように、少しずつメモを減らしましょう。

Here we study the key phrases of the chapter and how to use them. In the "Task" section, we practice talking about oneself in pairs. You can write down notes before you start practicing, but try and keep your conversations as natural as possible, and write fewer notes as you go through the book.

学习本课主要的表达方式及使用方法。在"任务"中，2人一组练习谈论自己的情况。可以先做笔记，然后再练习，但为了能够自然地进行对话，请尝试慢慢减少笔记。

Chúng ta cùng học cách sử dụng và cách diễn đạt những điểm mấu chốt trong bài. Ở phần "Luyện tập", thực hành theo cặp và luyện nói những nội dung liên quan đến bản thân. Các bạn có thể vừa ghi chú vừa luyện tập cũng được, nhưng cố gắng bớt ghi chú lại để có thể giao tiếp thật tự nhiên.

STEP 3　お互いについて知ろう Let's get to know each other　相互了解　Cùng hiểu về nhau

話そう Conversation practice　谈一谈　Cùng nói

STEP1、2で学習したことを使って、ペアで**自分たち自身のことを話します**。ロールプレイではなく、**自分たち自身の「本当の」会話**を練習してください。会話の長さはSTEP1「スッキリ会話」ぐらいです。最後に、スマートフォンなどで会話を録音します。

Putting to use what you learned in STEP 1 and 2, engage in a conversation in pairs and **share something about yourselves. Note that this is not a role–play activity. Please engage in a REAL conversation, not a fictional one.** The conversation should be about as long as the "smooth conversation" we listened to in STEP 1. Finally, after practicing, record your conversation using your smartphone or another device.

使用在STEP1、2学到的内容，2人一组谈谈彼此的情况。请根据彼此的"实际情况"来练习对话，不要进行角色扮演。对话长短与STEP1"顺畅的对话"类似。最后，用智能手机等进行对话录音。

Sử dụng kiến thức đã học ở BƯỚC 1, 2. **Cùng nói về bản thân** theo cặp. Không phải theo hình thức đóng vai (role-play) nhưng hãy luyện tập nói về "nội dung thật" của bản thân. Độ dài bài hội thoại tầm khoảng bài "Hội thoại rành mạch" ở BƯỚC 1. Sau cùng, dùng smartphone để thu âm nội dung bài nói.

発表しよう Share your conversation with the class　发表　Cùng phát biểu

「話そう」の最後に録音した会話を、クラスで聞いて振り返ります。自分たちの会話を客観的に聞くと、もっと上手になりたいところ（発音など）がはっきりわかるので、早く上手になります。

Listen to your recorded conversation together with your classmates, and reflect on how it went. Objectively listening to your own conversation will allow you to discover what you want to improve (e.g. pronunciation), so you can make progress quickly.

在班级中播放并回顾"谈一谈"中最后录制的对话。客观地倾听彼此的对话，能够理清有待提高之处（发音等），故而进步会更快。

Nghe đi nghe lại nội dung bài nói đã được thu âm ở sau mục "Cùng nói". Bạn càng nghe đi nghe lại nội dung bài nói của chính mình, bạn càng nhận ra những điểm cần cải thiện (như phát âm) và sẽ sớm nâng cao khả năng của mình.

チェックリスト Checklist　确认清单　Bảng kiểm tra

その課の学習のポイントができたかどうかチェックしてみましょう。最後に、学習したポイントについてどのように改善したいか、これからの目標を書きましょう。

Have a look at the key learning points of this chapter and evaluate your progress. Finally, write down your future learning goals, specifying how you can further improve on these points.

请确认是否已掌握本课学习的要点。最后，写下今后的目标，就已学过的要点，考虑如何进行改善。

Đánh dấu vào những mục đã hoàn thành hoặc chưa hoàn thành. Sau cùng, bạn cần cải thiện những mục nào trong suốt bài học, viết ra mục tiêu cho mình.

　4月、登場人物たちはCAT大学で出会います。おしゃべりするなかで、うまく話が続かなかったり、お互いに理解しあうのが難しいときもあります。そんなもやもやを解消しながら、彼らは徐々に仲良くなっていきます。みなさんも登場人物たちのおしゃべりを通して、友だちと仲良くなるための日本語会話のコツを学んでいきましょう。

The main characters in this book meet each other at CAT University in April. Sometimes their conversations don't last very long, and sometimes it's hard for them to understand each other. Tackling one communication hurdle at a time, they gradually become close friends. Listen to their conversations and discover effective Japanese conversation skills for building friendships.

4月，各位出场人物在CAT大学相遇。在他们聊天的过程中，有时谈话继续不下去，甚至难以彼此理解。他们在解决这些烦恼的同时，也逐渐增进了友谊。请大家通过出场人物的对话，来学习可以增进友谊的日语对话技巧。

Tháng 4, các nhân vật gặp nhau tại Đại học CAT. Trong quá trình nói chuyện, họ thấy câu chuyện không diễn ra liền mạch, hai phía đôi lúc cảm thấy khó hiểu nhau. Bằng việc loại bỏ những thứ mơ hồ, họ đã dần trở nên thân thiết. Thông qua cuộc nói chuyện của các nhân vật, cùng nắm những điểm chính trong giao tiếp tiếng Nhật để có thể kết thân với nhiều bạn bè.

アメリカ人男子留学生。CAT大学に短期留学中（3年生）。
工学部で自分の専門が大好き。明るくて前向き。

Mike is an American exchange student studying in a short term exchange program at CAT University. He's a third-year student and he's really passionate about his major Engineering. He has a bright and optimistic personality.

美国留学生（男性）。在CAT大学短期留学（3年级）。工学部，热爱自己的专业，开朗向上。

Một du học sinh nam người Mỹ. Đang du học khóa ngắn hạn tại Đại học CAT (sinh viên năm 3). Cực kỳ yêu thích chuyên ngành của mình ở khoa Kỹ thuật. Rất vui tính và chịu khó tích cực.

マイク

中国人女子留学生。CAT大学に長期留学中（1年生）。経済学部。
ファッションが大好き。少し心配性。

Sei is a Chinese exchange student studying in a long term exchange program at CAT University. She's a first-year student studying at the Department of Economics. She loves fashion. She's a bit of a worrier.

中国留学生（女性）。在CAT大学长期留学（1年级）。经济学部。热爱时尚。有点儿爱担心。

Một du học sinh nữ người Trung Quốc. Đang du học khóa dài hạn ở Đại học CAT (sinh viên năm 1). Khoa Kinh tế, yêu thích thời trang. Tính hơi lo lắng.

静
セイ

日本人女子学生。CAT大学の1年生。経済学部。
明るくて積極的な性格で、いろいろなものに興味がある。

Sakura is a Japanese student. She's a first-year student at CAT University. She's a student at the Department of Economics. She has a bright and assertive personality and is interested in many things.

日本学生（女性）。CAT大学1年级。经济学部。性格开朗积极，兴趣广泛。

Sinh viên nữ người Nhật. Sinh viên năm 1 của Đại học CAT. Khoa Kinh tế. Tính cách hoạt bát, tích cực. Có hứng thú với nhiều thứ.

さくら

日本人男子学生。CAT大学の1年生。工学部。
写真サークルに入っている。芸術が大好き。

Yama-chan is a Japanese student. He's a first-year student at CAT University. He's a student at the Department of Engineering. He's in the Photography Club and he loves art.

日本学生（男性）。CAT大学1年级。工学部。参加了摄影兴趣小组。热爱艺术。

Sinh viên nam người Nhật. Sinh viên năm 1 của Đại học CAT. Khoa Kỹ thuật. Tham gia nhóm Nhiếp ảnh. Yêu thích nghệ thuật.

山ちゃん

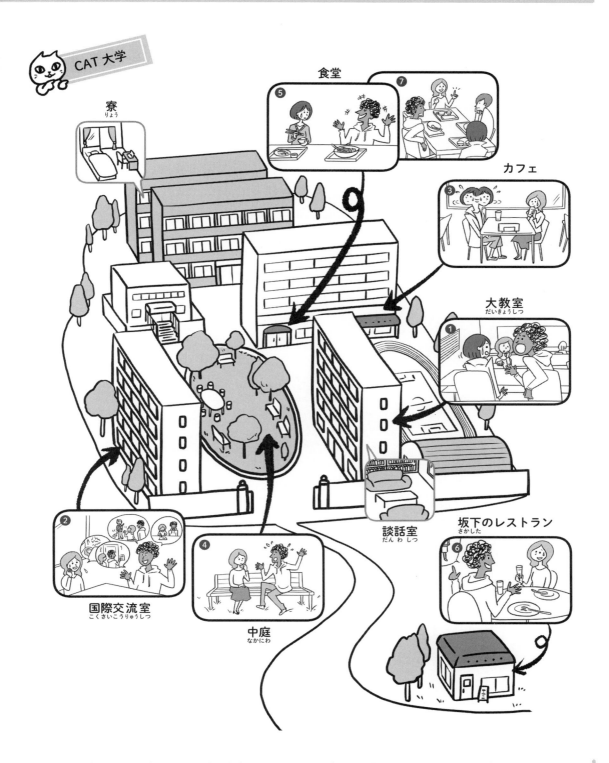

╲╲ 始める前に ╱╱

1. 考えよう！

　仲良くなる前の会話と仲良くなったあとの会話は、どんな違いがあると
思いますか。特徴をいくつか書いてみましょう。

仲良くなる前

仲良くなったあと

2. 考え・印象・気持ちの伝え方

　あなたは、この人を見てどう思いますか？

例えば…
- まじめ ［形容詞］
- めっちゃ勉強している／耳栓までしている
　　　　　　　　　　　　　　　　　　　　　　［描写］
- テスト期間中に遊んでいる自分とは違う
　　　　　　　　　　　　　　　　　　　［何かと比べる］

　この本では、人・もの・ことについて、**自分がどう思ったか（考え・印象・気持ちなど）** を、「評価」と呼びます。「評価」は、「まじめ」「かわいい」「すてき」などの形容詞だけでなく、描写したり、何かと比べたりして、いろいろな表現を使って伝えることができます。みなさんも、いろいろな伝え方を学んでいきましょう。

仲：relationship/关系/quan hệ

特徴：characteristics/特征/đặc trưng

印象：impression/印象/ấn tượng

耳栓：earplugs/耳塞/nút bịt lỗ tai

描写(する)：(to give) a description/(进行)描写/miêu tả

期間：period/期间/thời gian

すてき(な)：wonderful/出色/dễ thương

表現：expression/表达方式/cụm từ, cách nói

学ぶ：to learn/学习/học

親しくなるきっかけを作ろう（1）
した

好みや興味の話題作り
この　　きょうみ　　わだいづくり

知りあったばかりの人との会話で、話がうまく広げられなかったことはありませんか。そのため、相手がどんなタイプの人か知ることができなくて、仲良くなれなかったと感じたことはありませんか。
し　　　　　　　　　　　　　　　ひろ　　　　　　　　　　　　　　　　　　あいて　　　　　　　　　　　　　　　　　　　　なかよ　　　　　　　　　　　　かん

よくある もやもや

Check ☑

☐ 相手の好みや興味に共感を示したいとき、いつも「いいね。」
あいて　この　　きょうみ　きょうかん　しめ
「私／おれ／ぼくも。」ばかり使ってしまう。　**POINT 1**

- -

☐ 自分の好みや興味と違うことが話題になったとき、会話が続
この　　きょうみ　ちが　　　　　　わだい　　　　　　　　　　つづ
かない。　**POINT 2**

会話を聞きましょう。どう思いましたか。　🔊 01

語彙
親しい：close/亲密的/thân thiết
きっかけ：opportunity/契机、机会/duyên cớ
好み：preference/喜好/sở thích
話題：topic of conversation/话题/chủ đề
知りあう：to get to know/相识/quen
広げる：to develop (the topic)/展开/mở rộng
タイプ：type/类型/tuýp người
仲：relationship/关系/quan hệ
感じる：to feel/感到/cảm thấy
共感：similar stance/同感/đồng cảm
示す：to express/表示/thể hiện

え…。

……。

絶対けがするよ、冬山とか。
ぜったい　　　　　　ふゆやま

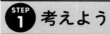

STEP 1 考えよう

〜もやもや会話〜

会話を聞きましょう。そのあとで、<u>下線部に注目して、</u>下の質問に答えましょう。

| 下線部：the underlined part/
下划线部分/phần
gạch dưới |
| 注目する：to pay attention
to/注意/chú ý |

〈会話例1〉 大教室で、授業のあと   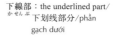 01

静 ：サークル、何か入る？

さくら：んーと、<u>サイクリングと、山岳と、映画と国際交流。</u>

静 ：多いー！

マイク：えーっ！

さくら：でも、全部月1回とかだから。

マイク：あー。

静 ：そうなんだ。いいね。

さくら：うん。

静 ：<u>いいね。…。</u>

さくら：……。あ、今日、山岳サークル見に行くよ。

マイク：<u>山岳サークル？ 危ないよ。</u>

さくら：意外と大丈夫らしいよ。

マイク：<u>絶対けがするよ、冬山とか。</u>

さくら：え…。

| 大教室：large classroom/大
教室/phòng học lớn |
| サークル：circle/兴趣小组/
câu lạc bộ |
| サイクリング：cycling/自
行车运动/đạp xe |
| 山岳：mountaineering/登山/
leo núi |
| 国際交流：international
cultural exchange/国际
交流/giao lưu quốc tế |

| 意外と：surprisingly/其实/
không ngờ lại ..., ai ngờ ... |
| 絶対(に)：absolutely/绝对、
一定/chắc chắn |
| 冬山：mountains in winter/
冬季登山/núi tuyết |

さくらちゃんともっと話したいのに、どうして話が続かないんだろう…。

質問

① 静さんの「いいね。…。」という言葉や、マイクさんの「絶対けがするよ、冬山とか。」という言葉のあと、さくらさんはどうして黙ってしまったと思いますか。

② この会話のように話が続かないとき、お互いのことについてよく知ることができると思いますか。

| 黙る：to be silent/沉默、不
说话/không nói gì |
| お互い：each other/相互/lẫn
nhau, nhau |

14

💡スッキリ会話💡

会話を聞きましょう。〈会話例1〉と比べた印象を話しあいましょう。

印象：impression/印象/ấn tượng

話しあう：to discuss/交谈/nói với nhau

〈会話例2〉大教室で、授業のあと　🔊02

静：サークル、何か入る？

さくら：んーと、サイクリングと、山岳と、映画と国際交流。

静：多いー！

マイク：えーっ！

さくら：でも、全部月1回とかだから。

マイク：あー。

> **POINT 1** 自分と似ているところについて、いろいろな言葉で共感を示す

静：そうなんだ。月1回って、いいペースだよね。まだ決めてないけど、私もあんまり忙しくないほうが好き。

ペース：pace/进度/khoảng cách

さくら：ね！　忙しすぎると勉強とかバイトできないよね。でも、友だちたくさんほしいから、いろんなサークルに入りたいなーって思って。

静：それいいね！　私も友だちいっぱいほしいから、思い切っていろいろ入ろうかなあ。

思い切る：to take the plunge/下决心/không chần chừ, dứt khoát

さくら：あ、今日、山岳サークル見に行くけど、一緒に行く？

自然：nature/自然/thiên nhiên

静：そうだなあ。自然好きだし、さくらちゃんと一緒なら、行ってみようかなあ。

> **POINT 2** 自分と違うところについて、もっと話してもらう

マイク：え、山岳サークルって、危ないんじゃないの？

さくら：意外と大丈夫らしいよ。先輩に聞いたんだけど、山岳サークルっていっても、あんまり高くない山に登るみたい。

マイク：そうなんだ。それなら安心だね。

さくら：うん。マイクはアウトドアとかあんまり好きじゃないの？

アウトドア：the outdoors/户外活动/hoạt động ngoài trời

マイク：うーん、山に登るのはあんまり好きじゃないんだ。山の写真撮るのは好きなんだけど。

さくら：あ、そうなんだ。この間、山ちゃんが写真サークル見に行って、すごくよかったって言ってたよ。

マイク：ほんと?!　いいねいいね！　おれも早速行ってみる！

早速：right away/马上/nhanh chóng

POINT 1 **自分と似ているところについて、いろいろな言葉で共感を示す**
に　　　　　　　　　　　　ことば　きょうかん　しめ

例1
山ちゃん：やっぱり統計学の授業取るのやめようかな。毎週
とうけいがく　じゅぎょうと
課題があるみたいだし。
かだい
静 　：あの授業って、**大変そうだよね。私も**もう少し課
セイ　　　　　　　じゅぎょう　　たいへん　　　　　　　　　　　　　か
題が少ない授業取り**たい。**
だい　　　　　じゅぎょうと

統計学：statistics/统计学/
とうけいがく　môn thống kê

課題：assignment/任务、作业/
かだい　bài tập

例2
さくら：ゴールデンウィーク、一人旅しようかなと思って。
ひとりたび
マイク：**一人旅って、ほんとおもしろいよな。おれも**時間ある
ひとりたび
とき、行ってる。

ゴールデンウィーク：
Golden Week/黄金周/
tuần lễ vàng (Golden
Week)

一人旅：a solo trip/独自旅行/
ひとりたび　du lịch một mình

表現

［　Ｎ　］って、［　普通形　非過去　］**よね／な。**
ふつうけい　ひかこ
話題　　　　　　　評価の言葉
わだい　　　　　　　ひょうか　ことば

＋

私／おれ／ぼくも
{
［　Ｎ　］**(が)好き。**
［　Ｖます形－ます　］**たい。**
けい
［　Ｖて形　］**る。**　（習慣的な行動）
けい　　　　　　　　しゅうかんてき　こうどう
}
自分の好みや興味
この　きょうみ

習慣的(な)：habitual/习惯
しゅうかんてき　性(的)/quen thuộc

行動：action/行动/hành động
こうどう

　まず、自分の好みや興味などと似ている話が出てきたとき、それに「〜っ
この　きょうみ　　　　　　に
て」をつけて話題にします。動詞、い形容詞、な形容詞の場合は「の」を
わだい　　　　どうし　けいようし　けいようし　ばあい
つけて名詞化しましょう（例：カフェで勉強する<u>の</u>って）。次に、「よね／
めいしか　　　　　　　　　　　　　　　　　　　　　　　つぎ
な」を使って、「私もあなたと同じような気持ち・考え・経験がある」とい
けいけん
うことを表せば、相手に共感が示せます。いろいろな言葉で具体的に共感
あらわ　あいて　きょうかん　しめ　　　　　　ことば　ぐたいてき　きょうかん
を示せば、より相手に気持ちが伝わります。
しめ　　　あいて　　　　　つた
　さらに、「私も〜（が）好き／たい／（Ｖて形）る」を使って自分の好みや興
けい　　　　　　　　　この　きょう
味を話すと、自分のこと（タイプ）を知ってもらえ、会話のきっかけが増
み　　　　　　　　　　　　　　　　　　　　　　　　　　　　　ふ
えて、話が広がるという効果があります。「（Ｖて形）る」は、「いつもその
ひろ　　　　　　こうか　　　　　　　けい
ドラマ<u>見てる</u>」「よくその店<u>行ってる</u>」など、自分がよくする行動を表す
こうどう　あらわ
表現です。
ひょうげん

名詞化する：to nominalize/
めいしか　变成名词/danh từ
hóa, chuyển thành
danh từ

表す：to express/表示、表
あらわ　达/biểu thị

具体的(な)：concrete/具体
ぐたいてき　(的)/cụ thể

より：better/更加/hơn

伝わる：to be understood/传
つた　达/hiểu, truyền đạt
cho ~ hiểu

広がる：to expand/展开/mở
ひろ　rộng

効果：effect/效果/tác dụng
こうか

表現：expression/表达方式/
ひょうげん　cụm từ, cách nói

練習1 ペアで話しましょう。 🔊 03

例) 静　　：サークル、何か入る？
さくら：んーと、サイクリングと、山岳と、映画と国際交流。
　　　　全部 月1回 。
　　　静　　：月1回 って、いいペースだよね。私もあんまり忙しくないほうが好き。

1）A：何かおもしろそうな授業ある？
　　B：うん。心理学入門の授業 。
　　A：＿＿＿＿＿＿＿って、＿＿＿＿＿＿＿＿よね／な。
　　＿＿＿＿＿＿＿も＿＿＿＿＿＿＿＿＿＿＿（が）好き。

心理学入門：an introduction to psychology／心理学入门／tâm lý học đại cương

2）A：バイト、何かしてる？
　　B：今探してる。レストラン がよさそうかなと思って。
　　A：＿＿＿＿＿＿＿って、＿＿＿＿＿＿よね／な。
　　＿＿＿＿＿＿＿も＿＿＿＿＿＿＿＿＿たい。

バイト＝アルバイト

3）A：休みの日とか、何してる？
　　B：だいたい家で ごろごろしてる 。
　　A：＿＿＿＿＿＿＿って、＿＿＿＿＿＿よね／な。
　　＿＿＿＿＿＿＿も＿＿＿＿＿＿＿＿＿てる。

ごろごろする：to hang around doing nothing／闲呆着(无所事事)／nằm ườn (trạng thái ở nhà nhưng không làm gì)

タスク ペアで自分たちのことについて話しましょう。

自分と似ているところについて、いろいろな言葉で共感を示す

A：（下からひとつ選んで、ペアの人に質問してください。）
　　・サークル、何か入る？（入った？）
　　・何かおもしろそうな授業ある？（あった？）
　　・バイト、何かしてる？
　　・休みの日とか、何してる？

質問
↓

B：＿＿＿＿＿＿＿＿＿＿＿＿＿＿＿＿。

答え
↓

A：＿＿＿＿って、＿＿＿＿＿＿よね／な。
　　＿＿も＿＿＿＿＿＿＿＿＿＿＿＿＿。

似ているところへの共感
（話題＋評価）
＋自分の好みや興味

17

例1
さくら：今日、山岳サークル見に行くんだ。
マイク：え、山岳サークルって、危ない**んじゃないの？**

例2
さくら：今日、山岳サークル見に行くんだ。
マイク：山岳サークルって、合宿多くて大変そうな**イメージ
なんだけど。**

合宿：training camp/集训/ ở chung

イメージ：impression/印象/ hình dung, suy nghĩ

表現

［ Ｎ ］って、［ 普通形　非過去 ］｛ **んじゃない（の）？** ※1
話題　　　　　否定的な評価の言葉　　　**イメージなんだけど。** ※2

※1 な Adj. -だな／N -だな
※2 な Adj. -だな／N -だの

否定的（な）：negative/负面 (的)/mang tính phủ định

　よくないイメージを「〜（だ）よ」という表現（「危ないよ。」「絶対けがするよ。」）で一方的に伝えると、相手は話を続けにくくなります。自分の好みや興味などと違うことが話題になったときは、質問の形にしたり、「〜けど。」と文を最後まで言わない形を使ったりして、相手にもっと話してもらえば、相手のこと（タイプ）を理解するきっかけを作ることができます。
　しかし、次の例を見てください。マイクさんの太字の言葉を聞いて、さくらさんはどのような気持ちになるでしょうか。

一方的に：one-sidedly/单 方面的/mang tính một chiều

太字：in bold letters/粗体字/ chữ in đậm

✕
さくら：今日、山岳サークル見に行くんだ。
マイク：え、山岳サークルって、**つまらない
んじゃない？**

　自分の好みや興味などと違うことには、マイクさんのようによくないイメージを持っているかもしれません。しかし、「つまらない」と相手の好みや興味などを否定する言葉を使うと、相手に嫌な思いをさせることがあります。このようなとき、あなたが相手を心配したり、その大変さを考えたりして話せば（「けがをしそう」「練習が大変そう」など）、相手に嫌な思いをさせません。

否定する：to not acknowledge/ 否定/phủ định

嫌な思いをする：to feel bad/ 留下不好的印象/gây khó chịu

練習2 ペアで練習しましょう。 🔊 04

例) さくら：バイト、今探してて、コンビニとかいいかなと思ってるんだけど。

　　　 コンビニは、仕事の種類が多くて大変そう…。

マイク：コンビニ**って**、仕事の種類が多くて大変な**んじゃないの？**

種類：kind／种类／loại

1) A：バイト、カテキョとかいいかなって思って。

　　　 カテキョは、教えるときの準備が多くて、大変そう…。

B：_____って、_____。

カテキョ＝家庭教師 (private tutor／家庭教师／gia sư)

2) A：写真サークルに入ろうかな。

　　　 写真サークルは、お金かかりそう…。

B：_____って、_____。

3) A：ゴールデンウィーク、一人旅しようって思ってるんだけど。

　　　 一人旅は、危なそう…。

B：_____って、_____。

タスク ペアで自分たちのことについて話しましょう。

　　　　　　　 自分と違うところについて、もっと話してもらう

A：(下からひとつ選んで、ペアの人に質問してください。)

・サークル、何か入る？（入った？）
・何かおもしろそうな授業ある？（あった？）
・バイト、何かしてる？
・休みの日とか、何してる？

質問

B：_____。

答え

A：_____って、_____ { んじゃない(の)？ / イメージなんだけど。

違うところへの質問・よくないイメージ

（話題＋否定的評価）

B：_____。

答え

19

STEP 3 お互いについて知ろう
たが

POINT 1 自分と似ているところについて、いろいろな言葉で共感を示す
に ことば きょうかん しめ
POINT 2 自分と違うところについて、もっと話してもらう
ちが

🗨️話そう🗨️

場面例	今日の授業が終わったので、談話室でコーヒーを飲みながらおしゃ
ばめんれい	べりすることにしました。

下のテーマから選んで、ペアで話しましょう。最後に、会話を録音しま
えら さいご ろくおん
しょう。

🎤 **RECORD**

休日の過ごし方
きゅうじつ す

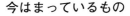

今はまっているもの

授業
じゅぎょう

場面：situation/场景/bối
ばめん cảnh

談話室：the lounge/谈话室/
だんわしつ phòng sinh hoạt chung

おしゃべりする：to chat/聊
天/nói chuyện

テーマ：topic/主题/đề tài

録音する：to record/录音/
ろくおん thu âm

休 日：a day off/休息日/
きゅうじつ ngày nghỉ

過ごす：to spend/度过/sử
す dụng

はまる：to be crazy about
(something)/热衷/
nghiện

◯ 発表しよう ◯

1) 「話そう」で録音したものをクラスで聞きましょう。（録音していない場合は、発表しましょう。）クラスの人は、発表者の似ているところ・違うところに注目して聞き、メモしましょう。そのあと、メモしたことをクラスで共有しましょう。

発表者：speaker/发言者/người phát biểu

共有する：to share/共享/chia sẻ

似ているところ	違うところ
例）さくらさん・静さん：忙しくないほうが好き、友だちがたくさんほしい	例）さくらさん：山岳サークルに入りたいマイクさん：山に登るのはあまり好きじゃない

2) 1)のメモを見てください。発表者はどんなタイプの人だと思うか書きましょう。また、自分はどんなタイプかも書きましょう。そのあと、クラスで共有しましょう。

▶必要な場合は、「便利なことば」を参照（ダウンロード）

参照：reference/参考/tham khảo

タイプ
例）さくらさん：活発、いろんなことに興味がある 静さん：ゆっくりすることが好き マイクさん：アウトドアは好きじゃなさそう 自分：インドア、ひとつのことに時間をかけたい

活発（な）：active/活泼（的）/năng động

ゆっくりする：to relax/悠闲/thong dong

インドア：the indoors/室内/hoạt động trong nhà

3) チェックリストを使って、この課でうまく話せたところ、難しかったところを振り返りましょう。

▶チェックリストはダウンロード

振り返る：to reflect on/回顾/xem lại

答えて終わり？

　自分のことについて聞かれたとき、聞かれたことだけに答えていませんか。そのようなときは、自分の他の情報も一緒につけて、答えてみましょう。次のように、相手がまだ知らない自分の情報（好み・理由・経験など）も話すと、話が広げられます。

＜好み＞

　A：映画よく見る？

　B：｛・うん、見るよ。<u>ラブコメとかよく見る。</u>

　　　・うーん、あんまり見ないかな。<u>アニメだったら見るけど。</u>

＜理由＞

　A：週どれぐらいバイトしたいの？

　B：5回ぐらいバイトしたいんだ。<u>早くお金貯めたいから。</u>

＜経験＞

　A：写真撮るの、好き？

　B：うん。<u>自然の写真が好きだから、この間山に登って撮ってきたよ。</u>

　例えば好みなら、具体的にどんな種類が好きなのか、どのくらいよくするのかなどを話します。好きじゃない場合は、その理由などを話します。
　このように、相手がまだ知らない自分の情報も伝えて答えると、相手は話すきっかけが作れるので、話が広がって会話が続きます。その結果、自分のタイプなどももっと知ってもらえ、親しくなるきっかけが作れます。

情報：information／信息／thông tin

ラブコメ＝ラブコメディー（a romantic comedy／爱情喜剧／tình cảm hài）

貯める：to save (money)／攒／tiết kiệm

結果：result／结果／kết quả

第2課 親しくなるきっかけを作ろう(2)
小さな不満・不安の共有

生活のちょっとした不満・不安を誰かと共有したいのに、うまく話せなかったことはありませんか。

よくある もやもや

Check ☑

☐ 大学の施設や授業など、生活のちょっとした不満・不安を話しているとき、相手も一緒に不満・不安を話してくれない。 **POINT 1 POINT 2**

☐ 相手の不満・不安に共感するとき、「大変だね。」「残念だね。」ばかり使ってしまう。 **POINT 1 POINT 2**

☐ 相手の不満・不安に対して、アドバイスをしてあげたのに、相手がまだ不満・不安そうなときがある。 **POINT 1 POINT 2**

不満：discontent/不满/bất mãn

不安(な)：uneasiness (uneasy)/不安(的)/bất an

ちょっとした：minor/稍微/nhỏ

施設：facilities/设施/cơ sở, thiết bị

～に対して：regarding .../对于～/đối với ～

会話を聞きましょう。どう思いましたか。 🔊 05

もやもや会話

　会話を聞きましょう。そのあとで、<u>下線部</u>に注目して、下の質問に答え
ましょう。

〈会話例1〉国際交流室で　　　　　　　　　　　🔊 05

静 ：昨日の夜、隣の部屋がすごいうるさかったんだ。
（セイ）

マイク：え？　<u>じゃあ、隣の人に言いに行けばいいんじゃない？</u>

静 ：えっ、
（セイ）

マイク：<u>言いにくいなら一緒に行ってあげようか？</u>

静 ：いや、
（セイ）

マイク：<u>あと、管理人に言うのもいいかもしれないよ。</u>

静 ：へっ？　いや、私ほんとに寝られなくて困った…。
（セイ）

マイク：あ！　<u>隣の人に手紙書くとか。</u>

静 ：え…、うん。
（セイ）

マイク：<u>じゃあそうしよう！　今から書こう！　手伝うよ！</u>

静 ：あ…、ありがとう…。
（セイ）

あれ？　解決したくないの？

もう少し、そのときの気持ちを
わかってほしいのに…。

管理人：superintendent／管理
員／người quản lý

解決する：to solve／解決／
giải quyết

質問

① この会話で、マイクさんは静さんに何をしてあげています
　か。それはうまくいっていますか。

② この会話で、静さんはどんな気持ちを伝えたかったと思い
　ますか。その気持ちは伝わっていますか。

スッキリ会話

会話を聞きましょう。〈会話例1〉と比べた印象を話しあいましょう。

〈会話例2〉国際交流室で　🔊 06

寮：dormitory/宿舎/ký túc xá

静：うちの大学の寮って、壁薄くない？

マイク：薄い薄い！　テレビの音まで聞こえることあるよな。

静：あるある！

昨日の夜、隣の部屋が

すごいうるさかったんだ。

マイク：あー、結構笑い声とか聞こえて気になるよな。

笑い声：laughter/笑声/tiếng cười

気になる：to be bothered/在意、介意/phiền, lo lắng

静：そうそう、それで昨日はずっと寝られなくて

困っちゃったんだよね。

マイク：わかるわかる。人の声って、テレビよりうるさかったり

するし、笑い声なんて特に大きいし。

POINT 1 不満を「私たちのもの」として示す・共感する

静：管理人さんって、

言っても何もしてくれないのかなあ。

マイク：どうだろうな。

こういうことも注意してくれたらいいよな。

POINT 2 不安を「私たちのもの」として示す・共感する

POINT 1 不満を「私たちのもの」として示す・共感する
ふ まん　　　　　　　　　　　　　　　　しめ　　きょうかん

1）不満を「私たちのもの」として示す
ふ まん　　　　　　　　　　　　　　しめ

例1 大学のまわり**って**、不便だ**よね**。
ふ べん

例2 自炊**って**、めんどくさく**ない？**
じ すい

自炊：cooking for oneself/自
じ すい　己做饭/tự nấu nướng

めんどくさい：tiresome/非
常麻烦/phiền hà

表現

［ N ］って、 ［ 普通形　非過去 ］ ┌ よね／な。
　　　　　　　　　　ふ つうけい　ひ かこ　│
　話題　　　　　　否定的な評価を表す言葉　└ ない？ （否定疑問文）
　わ だい　　　　ひ ていてき　ひょうか　あらわ　ことば　　　　　　ひ てい ぎ もんぶん

　まだ相手とあまり親しくないとき、個人的な不満ではなく、相手も共感で
あいて　　　　　　した　　　　　　こ じんてき　ふ まん　　　　　　あいて　きょうかん
きそうな不満について話すと、お互いに共感しあいながら仲良くなることが
ふ まん　　　　　　はな　　　　たが　　　きょうかん　　　　　なか よ
できます。「よね／な」を使うと、「～ない？」よりもさらに強く「きっと相
つか　　　　　　　　　　　　　　　　　　　　　　　　　　あい
手もそのように思っている」という気持ちを相手に伝えることができます。
て　　　　　　　　おも　　　　　　　　　　　　　　　あいて　つた

個人的（な）：personal/个人
こ じんてき　的（的）/mang tính cá
nhân

練習1 練習しましょう。
れんしゅう

例）
（英語の授業、宿題が多すぎる）
じゅぎょう　しゅくだい

⇒英語の授業**って**、宿題多すぎ**ない？**
じゅぎょう　　　　しゅくだい

1）
（大学の事務員さん、ちょっと怖い）
じ む いん　　　　　　　こわ

⇒＿＿＿＿＿＿＿って、＿＿＿＿＿＿＿＿＿＿。

事務員：office worker/事务
じ む いん　员/nhân viên

2）
（毎回宿題が出るの、嫌だ）
まいかいしゅくだい　　　　いや

⇒＿＿＿＿＿＿＿って、＿＿＿＿＿＿＿＿＿＿。

毎回：every time/每次/mỗi
まいかい　lần

3）
（部屋の掃除、めんどくさい）
へ や　そう じ

⇒＿＿＿＿＿＿＿って、＿＿＿＿＿＿＿＿＿＿。

２）理由・具体例・予想をつけ足して強い共感を示す

例1

> さくら：大学のまわりって、不便じゃない？
>
> マイク：**不便不便！**　ご飯食べる店も少ないし、**駅から遠いし。**

例2

> マイク：大学前の坂って、きついよな。
>
> 山ちゃん：**きついきつい。**　すっごい汗かくよな。
>
> マイク：**わかる！**　着替えのＴシャツがいる**ぐらいだよな。**
>
> 山ちゃん：**そうそう！**　夏はやば**そうだよな。**
>
> マイク：**やばそう！**
>
> 夏は大学来たくないよな。

表現

> **い Adj. ／な Adj. ／わかる。**（×2回繰り返す）
>
> **い Adj. ／な Adj. ／わかる！**（強調）
>
> 共感を示す表現
>
> ＋
>
> ［　普通形　非過去　］**し、**［　普通形　非過去　］**し。**
>
> 理由・不満の言い換え①　　　理由・不満の言い換え②
>
> ［　Ｖ辞書形・ない形／Ｖたい　］**（ぐらいだ）よね／な。**
>
> 程度を表す具体例
>
> ［　い Adj.-い／な Adj. ／Ｖます形-ます　］**そうだよね／な。**
>
> 予想できること

　相手が不満について話すとき、アドバイスするのではなく、共感を示す方法です。共感を示すとき「大変だね。」「残念だね。」という表現では、自分には関係ないことのように聞こえます。相手が使った不満を表す言葉を繰り返したり（例：不便不便！）、強調したりする（例：不便ー！／不便‼）ことで、強い同意や共感を示すことができます。また、「～し、～し。」を使って理由をつけ足したり、不満を言い換えたりする（例：店も少ないし、駅から遠いし。）ことで自分の考えを伝えることができます。また、その不満についてどのくらいそう感じるか、程度を表す具体例や予想できることを話すと、いきいきと共感を示すことができます。

具体例：concrete example／具体事例／ví dụ cụ thể

予想：expectation／预想／dự doán

つけ足す：to add／附加／thêm vào

きつい：steep／费力／dốc

汗（を）かく：to sweat／出汗／vã mồ hôi

着替え：a change of clothes／换衣服／thay thế

やばい：crazy／危险、不妙／hãi

繰り返す：to repeat／反复／lặp lại

強調：emphasis／强调／nhấn mạnh

言い換え（る）：(to) paraphrase／换个说法／cách nói khác (nói cách khác)

程度：degree／程度／mức độ

方法：method／方法／cách thức

同意：agreement／同意／đồng ý

いきいきと：animatedly／生动地／mạnh mē

これらの表現の前に「そうそう！」と、相手が話した具体的な内容に強く共感する表現を使うこともできます。

内容：subject matter/内容/
nội dung

練習2 ペアで話しましょう。 🔊))07

Bさん：1）と2）の表現を使って、Aさんの不満に共感を示しましょう。

Aさん：会話をさらに続けましょう。

例1） 静 ：日本食って、ちょっと甘くない？

マイク：**甘いー！** うどんも甘い**し**、牛丼も甘い**し**。

静 ：**そうそう！** ときどきすごく辛い料理が食べたくなる**よね**。

例2） 静 ：日本食って、ちょっと甘くない？

マイク：**わかる！！** 自分でソースとかかけたい**ぐらいだよな**。

静 ：**そうそう！** だから家で作ることも増える**よね**。

1） A：英語の授業って、宿題多すぎない？

B：＿＿＿＿＿＿＿＿＿＿＿＿＿＿＿＿＿＿＿＿＿。

A：＿＿＿＿＿＿＿＿＿＿＿＿＿＿＿＿＿＿＿＿＿。

2） A：うちの大学の昼休みって、短くない？

B：＿＿＿＿＿＿＿＿＿＿＿＿＿＿＿＿＿＿＿＿＿。

A：＿＿＿＿＿＿＿＿＿＿＿＿＿＿＿＿＿＿＿＿＿。

3） A：教科書って、高いよね。

B：＿＿＿＿＿＿＿＿＿＿＿＿＿＿＿＿＿＿＿＿＿。

A：＿＿＿＿＿＿＿＿＿＿＿＿＿＿＿＿＿＿＿＿＿。

タスク ペアで自分たちのことについて話しましょう。

不満を「私たちのもの」として示す・共感する

A：＿＿＿＿＿って、＿＿＿＿＿＿＿ { よね／な。
ない？

不満
（話題＋否定的評価）

↓

B：＿＿＿＿！ { ＿＿＿＿し、＿＿＿＿し。
＿＿＿＿＿＿よね／な。

共感
＋理由・具体例・予想

↓

A：＿＿＿＿！ { ＿＿＿＿し、＿＿＿＿し。
＿＿＿＿＿＿よね／な。

共感
＋理由・具体例・予想

POINT 2 不安を「私たちのもの」として示す・共感する
（ふ あん）（しめ）（きょうかん）

1）不安を「私たちのもの」として示す
（ふ あん）（しめ）

例

静　：専門の授業って、毎週レポートあるのかなあ。
（セイ）（せんもん）（じゅぎょう）

さくら：どうだろうね。あったら嫌だよね。
（いや）

表現

［ **N** ］**って、**［ 普通形　非過去 ］**のかなあ。**
　　　　　　　（ふ つうけい）（ひ か こ）

　［話題］　　　わからなくて不安なこと
　（わ だい）　　　　　　（ふ あん）

※な Adj.‐だ な／ N‐だ な

「専門の授業って、毎週レポートある？」のような質問形式は、相手が答
（せんもん）（じゅぎょう）　　　　　　　　　　　　　　　（あいて）
えを知っているはずだということを表します。わからなくて不安な気持ち
（あらわ）　　　　　　　　　　　（ふ あん）
を共有したいときは、「〜のかなあ」という表現を使いましょう。「〜のか
（きょうゆう）　　　　　　　　　　　　　　　（ひょうげん）
なあ」は、質問とは違って、相手に答えを要求しないため、相手も自分も
（ちが）　　（あいて）　　　（ようきゅう）　　　（あいて）
答えを知らない人として不安を共有できます。
　　　　　　　　　（ふ あん）（きょうゆう）

形式：style/形式/hình thức
（けいしき）

要求する：to ask for/要求/
（ようきゅう）　đòi hỏi, yêu cầu

練習3　練習しましょう。
（れんしゅう）

例）専門の授業、難しい
（せんもん）（じゅぎょう）（むずか）

⇒専門の授業って、難しいのかなあ。
（せんもん）（じゅぎょう）（むずか）

1）専門の先生、厳しい
（せんもん）（きび）

⇒＿＿＿＿＿＿＿＿＿って、＿＿＿＿＿＿＿＿＿＿＿＿のかなあ。

2）（台風のニュースを見て）明日、授業ある
（じゅぎょう）

⇒＿＿＿＿＿＿＿＿＿って、＿＿＿＿＿＿＿＿＿＿＿＿のかなあ。

3）卒論、大変
（そつろん）（たいへん）

⇒＿＿＿＿＿＿＿＿＿って、＿＿＿＿＿＿＿＿＿＿＿＿のかなあ。

卒論＝卒業論文
（そつろん）（そつぎょうろんぶん）

2）自分の予想や気持ち・希望を伝えて、共感を示す

希望：wish／希望／kỳ vọng

例1

静 ：専門の授業って、毎週レポートあるのかなあ。

さくら：どうだろうね。なかったらいいね。

マイク：ほんと！　毎週あったら

　　　　寝る時間がなくなりそうだよな。

例2

静 ：専門の授業って、毎週レポートあるのかなあ。

さくら：あるかもしれないね。あったら嫌だね。

マイク：嫌だ！　毎週あったら寝る時間がなくなりそうだよな。

表現

どうだろうね／な。

> わからない気持ち

[　普通形　非過去　] **かもしれないね／な。**

> 自分の予想

※ な Adj.－だ／ N－だ

＋

〜たら [　い Adj.／な Adj.　普通形　非過去　] **ね／な。**

> 希望する仮定＋肯定的な気持ち

> 希望しない仮定＋否定的な気持ち

仮定：supposition／假定／giả định

肯定的（な）：positive／肯定（的）／mang tính khẳng định

　相手が不安な気持ちを示したとき、自分もよくわからない気持ちを「どうだろうね／な。」で同じように伝え、相手の立場に立って共感を示しましょう。

　予想や気持ち・希望などを具体的につけ加えると、より強く共感を示すことができます。不満への共感で勉強した「〜そうだよね／な。」（p.27）も使うことができます。

立場に立つ：to put oneself in someone else's place／站在〜的立场／đứng trên lập trường

つけ加える：to add／添加／thêm vào

練習4　ペアで話しましょう。　🔊08

A さん：不安を「私たちのもの」として伝えましょう。
B さん：共感してあげましょう。

例）授業について
⇒　静　：専門の授業って、難しいのかなあ。
　　さくら：どうだろうね。難しかったら嫌だね。

1）テストや勉強について
⇒ A：＿＿＿＿＿＿＿＿って、＿＿＿＿＿＿＿＿＿＿＿＿のかなあ。
　 B：＿＿＿＿＿＿＿＿。＿＿＿＿＿＿たら＿＿＿＿＿ね／な。

2）週末2人で出かけるときの電車が混んでいるかについて
⇒ A：＿＿＿＿＿＿＿＿って、＿＿＿＿＿＿＿＿＿＿＿＿のかなあ。
　 B：＿＿＿＿＿＿＿＿。＿＿＿＿＿＿たら＿＿＿＿＿ね／な。

3）一緒にする発表の準備が間に合うかについて
⇒ A：＿＿＿＿＿＿＿＿って、＿＿＿＿＿＿＿＿＿＿＿＿のかなあ。
　 B：＿＿＿＿＿＿＿＿。＿＿＿＿＿＿たら＿＿＿＿＿ね／な。

タスク　ペアで自分たちのことについて話しましょう。できるだけ同じ気持ちになれそうな話題を探しましょう。

┌─────────────────────────────────────┐
　　　　　不安を「私たちのもの」として示す・共感する

A：＿＿＿＿＿＿＿＿って、＿＿＿＿＿＿＿＿のかなあ。

　　　　　　　　　　　　　　　　　　　話題
　　　　　　　　　　　　　　　　＋わからなくて不安なこと
　　　　　　　　　　　　　　　　　　　↓
B：＿＿＿＿＿＿＿＿＿＿＿＿＿＿＿＿。
　　　　　　　　　　　　　　　　わからない気持ち／予想
　＿＿＿＿＿＿たら＿＿＿＿ね／な。　　＋共感（気持ち・希望）
└─────────────────────────────────────┘

STEP 3　お互いについて知ろう
たが

POINT 1　不満を「私たちのもの」として示す・共感する
ふ まん　　　　　　　　　　　　　　　　しめ　　きょうかん

POINT 2　不安を「私たちのもの」として示す・共感する
ふ あん　　　　　　　　　　　　　　　　しめ　　きょうかん

話そう

場面例　授業のあと、友だちと空いている教室でおかしを食べながら休憩し
ば めんれい　　じゅぎょう　　　　　　　　　　　　　　　　　　　　　　　　　　きゅうけい
　　　　　ています。

休憩する：to take a break/
きゅうけい　休息/giải lao

下のテーマから選んで、ペアで話しましょう。最後に、会話を録音しま
　　　　　　えら　　　　　　　　　　　　　　　　さい ご　　　　　ろくおん
しょう。

🎙️**RECORD**

食事・学食
がくしょく

学食：student cafeteria/学
がくしょく　校食堂/căn tin trường

通学・授業
つうがく　じゅぎょう

通学：commuting to school
つうがく　or university/上学/đi
học

天気・天候
てんこう

天候：weather/天气/thời tiết
てんこう

発表しよう

1) 「話そう」で録音したものをクラスで聞きましょう。（録音していない場合は、発表しましょう。）クラスの人は、発表者同士が共感できているかに注目して聞き、メモしましょう。そのあと、メモしたことをクラスで共有しましょう。

～同士：among .../～彼此/người cùng ～

不満・不安の示し方	共感の示し方
例) 静さん： ・うちの大学の寮って、壁薄くない？ ・管理人さんって、言っても何もしてくれないのかなあ。	例) マイクさん： ・薄い薄い！　テレビの音まで聞こえることあるよな。 ・どうだろうな。こういうことも注意してくれたらいいよな。

2) 発表を聞いて、発表者についてわかったことや、自分の状況と似ているところ・違うところを書きましょう。そのあと、クラスで共有しましょう。

状況：situation/状况/tình trạng

> 例) 静さんもマイクさんも寮に住んでいて、隣の部屋の音が聞こえるのが嫌だと思っている。私はアパートに住んでいるけど、隣の部屋がうるさいのは似ている。

3) チェックリストを使って、この課でうまく話せたところ、難しかったところを振り返りましょう。　　　　▶チェックリストはダウンロード

絶対に共感しなくちゃいけないの？
ぜったい　　　　きょうかん

「私はそんなふうには悩まない。」「おれはそんなふうに思わない。」
　そのようなときも相手に無理に共感しなくてはいけないのでしょう
あいて　むり　きょうかん
か。無理に共感していたら、あなたらしさがなくなってしまいますね。
むり　きょうかん
でも、「相手は解決してほしいのではなく、気持ちをわかってほしいの
あいて　かいけつ
かもしれない」と考えておくことは大切です。

　例えば、下の例のような会話はどうでしょうか。
たと　　　　れい

　　A：みんなの前で発表するとか、本当に嫌だよね。
　　　　　　　　　はっぴょう　　　　　ほんとう　いや
　　B：あ、発表苦手？　苦手なことをするのは嫌だよね…。
　　　　　はっぴょうにがて　にがて　　　　　　いや
　　　　私は発表は平気なほうだけど、レポートが苦手かなあ。
　　　　　　はっぴょう　へいき　　　　　　　　　　　にがて

　その他にもどのような伝え方があるか、みんなで考えてみましょう。
ほか　　　　　　　つた

悩む：to worry／烦恼／lo lắng,
なや　　phiền muộn

無理に：force yourself (to do
むり　　something)／强迫、勉
　　　　強／miễn cưỡng

苦手（な）：to be bad at
にがて　　(something)／不擅长
　　　　(的)／không giỏi

平気（な）：to be unconcerned
へいき　　about (something)／不
　　　　介意(的)／ổn

第3課 親しくなるきっかけを作ろう（3）

だい　か

その場の話題探し
ば　わ だいさが

親しさ
した
★★☆

友だちと話をするときに、何を話したらいいかわからなくて、不安に
なに　　　　　　　　　　　ふ あん
なったり困ったりしたことはありませんか。
こま

（その）場：on the spot／（当）
ば　　場／tình huống (đó)

よくある もやもや

Check ☑

□ まだそれほど仲良くない人との会話で、よく沈黙が起きてし
なか よ　　　　　　　　　　ちんもく
まう。　 POINT 1　POINT 2　POINT 3

沈黙：silence／沉默／lặng
ちんもく　thinh

□ 会話中、沈黙が起きたとき、次の話題が見つけられない。
ちんもく　　　　　つぎ わ だい
 POINT 1　POINT 2　POINT 3

会話を聞きましょう。どう思いましたか。　　🔊09

しーん

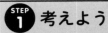

考えよう

〘 もやもや会話 〙

　会話を聞きましょう。そのあとで、<u>下線部</u>に注目して、下の質問に答え
ましょう。

〈会話例１〉大学のカフェで　　　　　　　　　　　🔊 09

さくら：あははは。あー、おかしかった。

静 ：あははは。うん、ほんとおかしかった。<u>…</u>。
セイ

さくら：<u>…</u>。

静 ：<u>……</u>。
セイ

<u>（さくらがまわりをきょろきょろ見はじめる。静が水を飲んだり、スマホ</u>
　　　　　　　　　　　　　　　　　　　　セイ
<u>を見たりしはじめて、沈黙する。）</u>
　　　　　　　ちんもく

さくら：<u>……</u>。今日は朝一からずっと授業だったから、もうくた
　　　　　　　　　　あさいち　　　　　　じゅぎょう
　　　　くた！

静 ：うん。
セイ

さくら：ほんとに疲れたね。
　　　　　　　　つか

静 ：うん。<u>……</u>。
セイ

さくら：<u>……</u>。

おかしい：funny/搞笑/
　　　　　buồn cười

きょろきょろ：look around/
　　　　　东张西望/nhìn quanh

スマホ：smartphone/智能手
　　　　机/điện thoại thông
　　　　minh

朝一：first thing in the
あさいち　morning/一大早/từ
　　　　sáng ～

くたくた：to be exhausted/
　　　　疲惫不堪/phờ phạc,
　　　　mệt mỏi

授業の話もしたし、バイトの話もしたし、
じゅぎょう
サークルの話もしたし…。次、何話そう…。
　　　　　　　　　　　つぎ　なに

話すことなくなっちゃった。
次、何話そう…。
つぎ　なに

〘 質問 〙

① 静さんとさくらさんが、次に何を話したらいいかわからな
　セイ　　　　　　　　　つぎ　なに
　くて、困っているところはどこですか。２人のどんな行動
　　　　こま　　　　　　　　　　　　　　　　　　　　こうどう
　から、それがわかりますか。

② ２人は、次にどんな話題について話したらいいと思いますか。
　　　　　　つぎ　　　　わだい

36

💡スッキリ会話💡

会話を聞きましょう。〈会話例1〉と比べた印象を話しあいましょう。

〈会話例2〉大学のカフェで　🔊 10

さくら：あはは。あー、おかしかった。

静（セイ）：あはは。
　　　　うん、ほんとおかしかった。
　　　　あ、あの人、すごい格好で寝てる。うちの猫みたい。
　　　　ふふふ。

> POINT 1　その場にいる人・その場にあるものを話題にする

さくら：ははは。ほんと、丸くなってる。あ、静ちゃん、猫飼ってるんだ。

静（セイ）：うん。中国の家でね。

さくら：そっか。猫、かわいいよねえ。癒されそう！

静（セイ）：写真見て、毎日癒されてるよ。

さくら：いいなあ！　私の癒しは、買い物。

静（セイ）：そうなんだ。
　　　　さっき見て思ったんだけど、さくらちゃんのその服、春っぽくていいね。

> POINT 2　相手の持ち物を話題にする

さくら：ありがとう。半額だったんだ。

静（セイ）：ええっ！　半額！　どこで買ったの？

（5分後）

さくら：今日は朝一からずっと授業だったから、もうくたくた！

静（セイ）：うん。

さくら：ほんとに疲れたね。

静（セイ）：うん。あ、あの人たち、真面目。ご飯食べながら勉強してる。

さくら：あ、**ほんとだ。すごく頑張ってる。**
　　　　それに比べて、私たち、楽天的。
　　　　課題たくさんしないといけないのに、ここで2時間もお茶してる。

> POINT 3　その場にいる人の話題をきっかけに、自分たちについて話す

静（セイ）：あはは。ほんとだね！

さくら：あはは！

格好（かっこう）：posture/样子/tướng, tư thế

丸くなる（まる）：to curl up/蜷在一起/cuộn tròn lại

飼う（か）：to have (a pet)/养/nuôi

癒す（いや）：to relax someone/疗愈［动词］/giải tỏa căng thẳng

癒し（いや）：what relaxes someone/疗愈［名词］/thú vui

（春）っぽい（はる）：(spring)like/像（春天）、有（春天）的样子/giống (sắc xuân)

半額（はんがく）：half price/半价/giảm một nửa

楽天的（な）（らくてんてき）：easygoing/乐观（的）/lạc quan

お茶（を）する（ちゃ）：to have tea (or coffee) with someone/喝茶/uống trà

POINT 1　その場にいる人・その場にあるものを話題にする
　　　　　　ば　　　　　　　ば　　　　　わだい

例1　静　：あ、あの犬、かわいい。
　　　セイ
　　　　　　ぬいぐるみみたい。
　　　さくら：ほんと！　ふわふわしてる！

ぬいぐるみ：a stuffed animal/
毛绒玩具/thú nhồi
bông

ふわふわする：to be fluffy/
毛茸茸的/bồng bềnh

例2　マイク：あ、ユッキー先輩、今日スーツ着てる。
　　　　　　　　　　　せんぱい
　　　山ちゃん：ほんとだ！　大人っぽい。

表現

あ、[　　N　　]、[　　普通形　非過去　]。
　　　　　　　　　　　　　ふつうけい　ひかこ
　　　その場にいる人・　　　その人・ものに対する
　　　　　ば　　　　　　　　　　　　　　　たい
　　　その場にあるもの　　　評価・状態・様子
　　　　　ば　　　　　　　ひょうか　じょうたい　ようす

　　　　　　　　　　　※ な Adj. –だ／ N –だ

～に対する：regarding .../
　　　たい　　对于～/đối với ～
状態：situation/状态/tình
じょうたい　trạng
様子：appearance/情况/bộ
ようす　dạng, trạng thái
第三者：third person/第三方/
だいさんしゃ　người thứ ba
避ける：to avoid/避免/tránh
さ
気がつく：to notice/发现/
き　nhận ra
注意を引く：to draw
ちゅうい　ひ　someone's attention/
吸引注意/thu hút sự
chú ý
批判：criticism/批评/phê
ひはん　phán

　話題に困ったときは、その場にいる人（自分と相手以外の人、第三者）、そ
　わだい　こま　　　　　　　ば　　　　　　　　　あいて　　　　　だいさんしゃ
の場にあるものを話題にすれば、沈黙が避けられます。話しはじめる前に、
　ば　　　　　　わだい　　　　　　ちんもく　さ
まず、「あ」という言葉で何かに気がついたことを伝え、相手の注意を引きま
　　　　　　　　ことば　なに　　き　　　　　　つた　　あいて　ちゅうい　ひ
しょう。次に、話題にした人・ものに対する評価・状態・様子を話して、自
　　　つぎ　わだい　　　　　　たい　ひょうか　じょうたい　ようす
分がどう思っているか伝えましょう。そうすれば、自分のこともうまく相手
　　　　　　　　つた　　　　　　　　　　　　　　　　　　　　あいて
に伝えられます。ただし、その人の批判にならないようにしましょう。
　つた　　　　　　　　　　　　ひはん

練習1　今、みなさんは右ページのイラストの場面にいます。まず、こ
　　　　　　　　　　　　　　　　　　　　ばめん
　　　の中で興味を持った人・ものと、その理由をクラスで話しま
　　　　　　きょうみ　も　　　　　　　　　りゆう
　　　しょう。次に、ペアで話しましょう。　🔊11
　　　　　　つぎ

　　　※Bさんは「ほんと（だ）！」とAさんが見つけた人・ものに気がついたこ
　　　　　　　　　　　　　　　　　　　　　　　　　　　　　き
　　　とを示してから、その人・ものに対する自分の評価などを話しましょう。
　　　　しめ　　　　　　　　　　たい　　　　ひょうか
　　　　　　　　▶必要な場合は、「便利なことば」を参照（ダウンロード）
　　　　　　　　　ひつよう　ばあい　　べんり　　　　　さんしょう

例）　静　：あ、あの犬、かわいい。ぬいぐるみみたい。
　　　セイ
　　　さくら：ほんと！　ふわふわしてる！

タスク　ペアで、今、その場にいる人・その場にあるものについて話しましょう。

> **その場にいる人・その場にあるものを話題にする**
>
> その場にいる人・あるもの
> ＋評価・状態・様子
>
> A：あ、＿＿＿＿＿＿、＿＿＿＿＿＿＿＿＿＿＿＿＿。
>
> ⸺⸺⸺⸺⸺⸺⸺⸺⸺⸺⸺⸺⸺⸺⸺⸺⸺⸺⸺⸺
>
> B：ほんと（だ）！＿＿＿＿＿＿＿＿＿＿＿＿＿＿。　　評価

持ち物：personal belongings/
も　もの　随身带的东西/đồ dùng
　　　cá nhân

例1　そのパソコン、小さくて便利そうだな。
　　　　　　　　　　　　　べんり

例2　さっき見て思ったんだけど、髪、ちょっと切ったんだね。
　　　　　　み　おも　　　　　かみ

表現

（話変わるけど、）　（話題を変える）
　か　　　　　　　　わだい　か
（さっき見て思ったんだけど、）
（さっき言おうと思ったんだけど、）┐（会ってすぐに気づいていたことを
　　　　　　　　　　　　　　　　　　　　　　　　　　　　　き
　　　　　　　　　　　　　　　　　今話す）
　　　　　　　　　　　　　　　　いま

＋

[　　N　　　]、[　　普通形　非過去　]ね／な。
　　　　　　　　　　ふつうけい　ひかこ

相手の持ち物・服装・　　それに対するほめ・気づいたこと
あいて　も　もの　ふくそう　　　　　　たい　　　　　　き
ヘアスタイル

気づく：to notice/发现/
き　　nhận thấy

服装：clothes/服装/trang
ふくそう　phục
ヘアスタイル：hairstyle/发
　　　　型/kiểu tóc
ほめ（る）：(to) compliment/
　　　赞扬/lời khen (khen)

　目の前にいる相手の持ち物・服装・ヘアスタイルもその場にあるもので
　　　　　　あいて　も　もの　ふくそう　　　　　　　　　　ば
す。それらを話題にしてほめることでも、沈黙を避けられます。また、自
　　　　わだい　　　　　　　　　　　　ちんもく　さ
分が相手に関心があるということも示すことができ、親しくなるきっかけ
　あいて　かんしん　　　　　　　　　しめ　　　　　　　　した
にもつながります。

関心：interest/关心/quan
かんしん　tâm
つながる：to lead to/有助于/
　　　kết nối

　しかし、しばらく会話をしたあとで、急に相手のヘアスタイルなどの変
　　　　　　　　　　　　　　　　きゅう　あいて　　　　　　　　　へん
化について話すと不自然なので、話題を変える表現、会ってすぐに気づい
か　　　　　　ふしぜん　　　　わだい　か　ひょうげん　　　　　　　　き
ていたことを今話す表現を使いましょう。
　　　　　いまはな　ひょうげん　つか
　ほめられた場合の返事には、次の①～③のような種類があります。
　　　　　ばあい　へんじ　　つぎ　　　　　　しゅるい

変化：change/变化/thay đổi
へんか
不自然（な）：unnatural/不自
ふしぜん　　然(的)/cứng nhắc,
　　　　không tự nhiên

例　①受け入れ
　　　う　い
　　マイク：そのパソコン、小さくて便利そうだな。
　　　　　　　　　　　　　　　　　べんり
　　　静　：ありがとう。安かったから買っちゃった。
　　　セイ

　　②謙遜
　　　けんそん
　　さくら：今日のヘアスタイル、かわいいね。
　　　静　：そんなことないよ。くせ毛だから、まとまらなくて。
　　　セイ　　　　　　　　　　　　げ

　　③回避
　　　かいひ
　　　静　：そのめがね、似合ってるね。
　　　セイ　　　　　　　にあ
　　山ちゃん：あ、これ？旅行先で買ったんだ。
　　やま　　　　　　　　りょこうさき

受け入れ（る）：acceptance
う　い　(to accept)/接受/tiếp
　　　nhận

謙遜：modesty/谦虚/khiêm
けんそん　tốn
くせ毛：frizzy hair/自然卷/
げ　tóc xoăn
まとまる：to lie flat/整齐/
　　　không gọn gàng
回避：evasion/回避/tránh né
かいひ
似合う：to suit/合适/hợp
にあ
旅行先：one's travel
りょこうさき　destination/旅行目的
　　　地/điểm du lịch

　①の「受け入れ」は、ほめられたことに対して「ありがとう。」などと言って受け入れるものです。その後ろに、ほめられたものについての説明なども一緒に話しましょう。②の「謙遜」は、「そんなことないよ。」などと言って遠慮して答え、③の「回避」は、ほめられたものについて、受け入れないで、情報などをつけ加えたりするものです。

練習2　次のイラストを見てください。何をほめて話題を作ればいいですか。クラス全体で話しましょう。

※相手の持ち物を何でもほめるのではなく、自分が興味を持ったものをほめると、会話が続けやすくなります。

マイク

さくら

山ちゃん

練習3　練習2のイラストを使って、ペアで話しましょう。　🔊 12

Ａさん：例の静さんのように、Ｂさん（登場人物）の持ち物・服装をどれかほめましょう。

Ｂさん（登場人物）：Ａさんのほめに返事をしましょう。

例）　静　：話変わるけど、そのスカーフ、春っぽくていい色だね。
　　さくら：ありがとう。お姉ちゃんに内緒で借りちゃったんだ。

登場人物：a character/出場人物/nhân vật

スカーフ：a scarf/围巾/khăn quàng

内緒で：without telling someone/偷偷地/bí mật

41

タスク ペアで自分たちのことについて話しましょう。

┌─────────────────────────────┐
│ **相手の持ち物を話題にする** │
│ あい て　も　もの　わ だい　│
└─────────────────────────────┘

A：┌（・話変わるけど、）
　　│　　　か
　　│（・さっき見て思ったんだけど、）
　　│（・さっき言おうと思ったんだけど、）
　　└

＿＿＿＿＿＿＿、＿＿＿＿＿＿＿＿＿＿ね／な。

┌─────────────────────────┐
│ ほめ・気づいたこと　　　│
│ 　　き　　　　　　　　　│
└─────────────────────────┘
　　　　　　　↓
┌─────────────────────────┐
│ 受け入れ・謙遜・回避　　│
│ う　い　けんそん　かい ひ│
│ ＋情報などのつけ加え　　│
│ じょうほう　　　くわ　　│
└─────────────────────────┘

B：＿＿＿＿＿＿。＿＿＿＿＿＿＿＿＿＿＿。

🐱 **POINT 3** その場にいる人の話題をきっかけに、自分たちについて話す
　　　　　　　　　ば　　　　　　わ だい

例1 （食堂で）

　静　　：あ、あの人、パフェ食べてる。新しいのかな。
　セイ

　さくら：**ほんとだ。それに比べて、**私たち、100円アイス。
　　　　　　　　　　　　　　くら

パフェ：a parfait／圣代／bánh
　　　pudding kem sữa

例2 （ダンスサークルの人たちを見て）

　マイク：あ、あの人たち、またあそこで練習してる。
　　　　　　　　　　　　　　　　　　れんしゅう

　山ちゃん：**ほんとだ。それに比べて、おれたち、**今日A棟から
　　　　　　　　　　　　　　　くら　　　　　　　とう
　　　　　　B棟までしか歩いてない。
　　　　　　とう

～棟：building ...／～栋／tòa
　とう　　　　　　　　　　nhà ～

┌──┐
│ **表現** │
│   │
│ A：あ、あの人（たち）、[　普通形　非過去　]。│
│ 　　　　　　　　　　　　ふ つうけい　ひ か こ│
│ 　　　　　　　　　　　　※な Adj.－だ／N－だ │
│   │
│ B：**ほんと（だ）。**   │
│ 　　**それに比べて、私／おれ／ぼくたち、**[　普通形　非過去　]。│
│ 　　　　　　くら　　　　　　　　　　　　　ふ つうけい　ひ か こ│
│ 　　　　　┌──────────────┐   │
│ 　　　　　│ 自分たちの特徴 │   │
│ 　　　　　│ 　　　　とくちょう│   │
│ 　　　　　└──────────────┘   │
│ 　　　　　　　　　　※な Adj.－だ／N－だ   │
└──┘

特 徴：characteristics／特征／
とくちょう　đặc trưng

POINT 1 の表現（「あ、あの人（たち）、～。」）によって、その場にいる
ひょうげん
人（第三者）が話題になったとき、その人（たち）の特徴とは反対となるよ
だいさんしゃ　　　わ だい　　　　　　　　　　　とくちょう　はんたい
うな自分たちのおもしろい特徴について話すことで、話を続けることがで
とくちょう　　　　　　　　　　　　　　つづ

きます。自分たちの特徴について話せば、沈黙が避けられるだけでなく、自分と相手が同じ仲間だという意識が持てる効果もあります。

　話すときは、相手との雰囲気が悪くならないようにし、また、その場にいる人（第三者）の批判にならないように注意しましょう。

仲間：comrade/伙伴/đồng nghiệp

意識：sense (of being something)/意识/ý thức

雰囲気：atmosphere/气氛/không khí

練習4　ペアで練習しましょう。　🔊 13

例）（大学のカフェで）私たちは、ずっとお茶を飲んで楽天的

　静　：あ、あの人たち、真面目。ご飯食べながら勉強してる。

　さくら：ほんとだ。頑張ってる。それに比べて、私たち、ずっとお茶飲んで楽天的。

1）（大学で）私たちは、連日テストでぐったりしている

　A：あ、あの人、何だか爽やか。

　B：ほんと！ ＿＿＿＿＿＿＿、＿＿＿＿＿＿＿、＿＿＿＿＿＿＿＿＿。

連日：day after day/连续几天/liên tục

ぐったりする：to be dead-tired/疲惫不堪/rũ rượi

何だか：for some reason/总有点/～ làm sao!

爽やか（な）：look refreshed/爽朗(的)/tính táo, sảng khoái

じっとする：to sit still/呆着不动/ngồi yên

2）（大学のカフェで）私たちは、何にもしないで涼しいところでじっとしている

　A：あ、あの人たち、めっちゃ暑いのに外で練習頑張ってる。

　B：ほんとだ。＿＿＿＿＿＿＿、＿＿＿＿＿＿＿、＿＿＿＿＿＿＿＿＿。

3）（町の中で）私たちは、3時間もぶらぶらしてるのに、何にも買っていない

　A：あ、あの人たち、めっちゃ買い物してる。

　B：ほんと。＿＿＿＿＿＿＿、＿＿＿＿＿＿＿、＿＿＿＿＿＿＿＿＿。

ぶらぶらする：to walk around/溜达/lòng vòng

タスク　ペアで自分たちのことについて話しましょう。今、みなさんは **POINT1** 練習1のイラスト（p.39）の場面にいます。イラストの中の人（たち）を話題にして、ペアで話しはじめましょう。　▶必要な場合は、「便利なことば」を参照（ダウンロード）

その場にいる人の話題をきっかけに、自分たちについて話す

A：あ、あの人（たち）、＿＿＿＿＿＿＿＿＿＿＿。　その場にいる人（たち）の特徴

↓

B：ほんと（だ）。　自分たちの特徴

＿＿＿＿＿＿＿、＿＿＿＿＿＿＿、＿＿＿＿＿＿＿。

STEP 3 お互いについて知ろう

POINT 1 その場にいる人・その場にあるものを話題にする

POINT 2 相手の持ち物を話題にする

POINT 3 その場にいる人の話題をきっかけに、自分たちについて話す

Q 話そう Q

場面例	次の授業は大教室であるので、早めに教室へ行きました。友だちの隣に座って話しはじめますが、その話が終わってしまいました。

早め：ahead of time／早些／
nhanh

　下のテーマから選んで、ペアで話しましょう。最後に、会話を録音しましょう。

RECORD

その場にいる人
（あの人、○○さんなど）

その場にあるもの
（教室の机・いす・テレビなど）

相手の持ち物・服装・
ヘアスタイル（かばん、時計など）

◯ 発表しよう ◯

1) 「話そう」で録音したものをクラスで聞きましょう。(録音していない
場合は、発表しましょう。) クラスの人は、発表者がどんな話題を見
つけて話しているかに注目して聞き、それがわかる言葉をメモしま
しょう。そのあと、メモしたことをクラスで共有しましょう。

話題
例) 静さん・さくらさん：すごい格好で寝ている人、ご飯を食べながら勉強している人、さくらさんの服

2) 1)のメモを参考にして、自分と発表者が親しくなれそうなきっかけが
あれば、メモしましょう。そのあと、クラスで共有しましょう。

例) 静さんが猫を飼っている、さくらさんの服、自分たちは楽天的

参考にする：to refer to/参
考/tham khảo

3) チェックリストを使って、この課でうまく話せたところ、難しかった
ところを振り返りましょう。　　　▶チェックリストはダウンロード

話を深める方法って？

沈黙を避けるためには、新しい話題を始めるだけでいいでしょうか。次の例を見てください。

> × 　山ちゃん：あ、あのケーキ、うまそう！
> 　　静　　：ほんと、おいしそう。あ、話変わるけど、山ちゃん、それ新しい帽子？

静さんは山ちゃんの話に応えていますが、その話を深めることなく、急に新しい話題を始めています。このように、急に話題を変えると、「その話題について興味がない」「それについて話したくない」ように聞こえてしまいます。ですから、始めた話題で話を深めて、続けましょう。

話を深めたいとき、次のような方法も使えます。

> 山ちゃん：あ、あのケーキ、うまそう！
> 　　静　　：ほんと、いちごがたくさんのってる！　私、いちご大好きだから、何でもいちごの選んじゃう。
> 山ちゃん：わかるわかる！　おれチョコ好きだから、毎回チョコの頼んじゃうんだよね。

山ちゃんは、第3課の **POINT 1** (p.38)の表現を使ってケーキを話題にして話しています。静さんは、山ちゃんが話題にしたケーキの状態を詳しく話しています（「いちごがたくさんのってる」）。また、自分の情報もつけ加えることによって、話が深まるきっかけが生まれています（「私、いちご大好きだから、何でもいちごの選んじゃう」）。

このあとは、「好きなデザート」「おいしいお店」「よく買う商品」など、さらに会話を深められます。

このように、その場にいる人・その場にあるものの話題をきっかけに、それぞれの好みや習慣などを知ることができます。

深める：to deepen／加深／làm sâu sắc thêm

応える：to acknowledge／回答／đáp lại

チョコ＝チョコレート

詳しく：in detail／详细地／chi tiết

深まる：to deepen／加深／sâu sắc hơn

デザート：dessert／甜点／món tráng miệng

商品：a product／商品／sản phẩm

それぞれ：each／各自／từng

第4課 もっと親しくなろう（1）
だい　　か

前にした話の続き
まえ　　　はなし　つづ

仲良くなってきた友だちと、前にした話の続きをしたいのに、うまく
なか よ　　　　　　　とも　　　　　　まえ　　　はなし　つづ
始められないことはありませんか。
はじ

続き：continuation/継続/
つづ　　　　　　　　　duy trì, tiếp tục

よくある もやもや

Check ☑

☐ 相手が前にした話の続きを聞きたいときに、どのように聞け
　あい て　まえ　　　はなし　つづ　　き
　ばいいかわからない。 **POINT 1** **POINT 2**

- -

☐ 自分が前にした話の続きをしたいのに、うまく始められない。
　じぶん　まえ　　　はなし　つづ　　　　　　　　　はじ
　 POINT 3

会話を聞きましょう。どう思いましたか。
かいわ　き　　　　　　　　　おも
🔊 14

47

もやもや会話

　会話を聞きましょう。そのあとで、<u>下線部</u>に注目して、下の質問に答え
ましょう。

〈会話例1〉 中庭で　🔊 14

> マイク：<u>静、バイトしてる？</u>
>
> 　静　：うん、マイクもバイトしたいの？
>
> マイク：へ？　おれ？　いいバイトがあればしたいね。
>
> 　静　：どんなバイトしたいの？
>
> マイク：えっ、<u>おれのバイトの話はいいよ。</u>
>
> 　静　：え、そうなの？
>
> マイク：う、うん。静は？
>
> 　静　：<u>あのね。私、初めはスーパーのお惣菜作りの工場で働こ</u>
> <u>うかなと思ったんだよね。</u>
>
> マイク：うん。
>
> 　静　：でも、お客さんから味の感想が聞きたいから、レストラン
> もいいなって思って。
>
> マイク：うん。
>
> 　静　：それで、レストランのバイトを探したんだけど。
>
> マイク：うん。<u>この前聞いたよ。</u>
>
> 　静　：それで坂下にあるレストランのバイトにした。
>
> マイク：そっか。

中庭：courtyard/中庭/trong
　なかにわ　　　sân

(お)惣菜：deli side dishes/
　そうざい　　熟菜、副食/đồ ăn
　　　　　　làm sẵn

感想：feedback/感想/cảm
　かんそう　tưởng

何の話がしたいの？
なん

もう知ってるのに。聞きたいのは
それじゃないんだけどな…。

質問

① 静さんはマイクさんがどんな話を始めたと思いましたか。
　セイ

② マイクさんは静さんのアルバイトについて何を知っていま
　　　　　　　セイ　　　　　　　　　　　　　なに
したか。

③ マイクさんは何を聞きたかったと思いますか。
　　　　　　なに

💡スッキリ会話💡

会話を聞きましょう。〈会話例1〉と比べた印象を話しあいましょう。
　　　　　　　　　　　　れい　　くら　　いんしょう　　はな

〈会話例2〉**中庭で**
　　　　　　なかにわ　　　　　　　　　　　　　🔊15

マイク：**バイトは、結局**始めた**の？**　　←　**POINT 1** 前の話の続きを聞きたい
　　　　　　　　けっきょく　　　　　　　　　　　　　　　　　　　　　　　　　まえ　　はなし　つづ
　　　　　　　　　　　　　　　　　　　　　ところから聞く
　　　　　　　　　　　　　　　　　　　　　　　　　　き

静　：うん、レストランでね。
セイ

マイク：ああ、「あの坂下のレストランに　　←　**POINT 2** 相手が前に話した内容を
　　　　　　　　　さかした　　　　　　　　　　　　　　　　　　　　　　あい て　まえ　はな　　ないよう
　　　　面接に行く」って言ってたっけ？　　　　　確認しながら聞く
　　　　めんせつ　い　　　　　　い　　　　　　　　　　　　　　　かくにん　　　　　　　き

静　：そうそう。
セイ
　　　それが、**「調理のバイトしたい」って言ったっけ？**
　　　　　　　　ちょうり　　　　　　　　　　　い

マイク：うん。料理の腕上げたいんだったよね？
　　　　　　　　　うで あ

静　：そうなの。
セイ
　　　でもね、「調理のほうは人手が足りてるから」って、
　　　　　　　ちょうり　　　　　ひとで　た

マイク：うん。

静　：結局、ウェイトレスしてる。　　　　**POINT 3** 前に相手にどこまで話したか
セイ　けっきょく　　　　　　　　　　　　　　　　　　　　　　まえ　あい て　　　　　はな
　　　　　　　　　　　　　　　　　　　　　　　確認しながら話す
マイク：あー、そうだったんだ。　　　　　　　かくにん　　　　　　はな

静　：なかなか慣れないから大変だよ。
セイ　　　　　　な　　　　　　たいへん

マイク：そりゃ、希望と違うと、大変だよな。
　　　　　　　きぼう　ちが　　　たいへん

結局：in the end/到底/tóm
けっきょく　　　　　　　　　lại

調理：cooking/烹调/đầu
ちょうり　　　　　bếp, phụ bếp

腕を上げる：to improve one's
うで　あ　　ability/提高水平/nâng
　　　cao tay nghề

人手が足りる：to have
ひとで　た　enough staff/人手够了/
　　　đủ người

なかなか〜ない：hard to
(do something)/怎么
也不〜/mãi mà không

そりゃ：contraction of それ
は/那可真是(是"それ
は"的缩略形式)/
dạng rút gọn của「それ
は」

POINT 1 前の話の続きを聞きたいところから聞く
つづ

1）相手のせりふ（前にした話）を引用して続きを聞く
あいて　　　　　　　　　いんよう　つづ

せりふ：lines/说法/lời thoại
引用する：to quote/引用/
いんよう　　trích dẫn

例1 この前、「バイト始める」って言ってたけど、結局始めたの？
けっきょく

例2 この前、「サークル入った」って言ってたけど、
どう？

表現

この前、「　相手のせりふ　」って言ってたけど、
あいて
前にした話

結局 ┌ ［　Ｖた形　］（の）？
けっきょく│　けい
│ どうした（の）？　　　結果
│ どうなった（の）？　けっか
どうだった（の）？　感想
かんそう
（今）どう？

前に相手が話したことを短く引用して、続きを話してもらう方法です。
みじか　いんよう　　つづ　　　　　ほうほう
「結局」を使うと、「いろいろなことがあって、最後・結果はどうなった
けっきょく　　　　　　　　　　　　　　　　　　さいご　けっか
か」を聞くことができます。「どうした（の）？」「どうなった（の）？」は、
前回話したときは結果がわかっていなくて、その結果を知りたいときに使
ぜんかい　　　　　　　けっか　　　　　　　　　　　　けっか
います。また、「どうだった（の）？」「（今）どう？」などを使うことでそれ
についての感想を聞くこともできます。
かんそう

前回：last time/上一次/lần
ぜんかい　　trước

2）話題を短い言葉で示して続きを聞く
わだい　みじか　ことば　しめ　つづ

例1 バイトは、結局どうしたの？
けっきょく

例2 この前の発表って、どうだった？
はっぴょう

表現

[N] は／って、 ｛ 結局 ｛ [Ｖた形] (の)？
話題 けっきょく けい
どうした(の)？ 結果
けっか
どうなった(の)？
どうだった(の)？ 感想
かんそう
(今)どう？

前に話した話題を短い言葉でまとめて、続きを話してもらう方法です。
わだい みじか ことば つづ ほうほう

まとめる：to summarize/总
结/tóm tắt lại

練習1 ペアで練習しましょう。
れんしゅう

🔊 16

例) 静 ：バイト始めようと思ってて、今探してるんだよね。
セイ さが

マイク：へえー…。

-------------------- (2週間後) --------------------

マイク：この前、「バイト探してる」って言ってたけど、
さが

結局見つかったの？
けっきょく

1) A：今度写真サークルに見学に行くんだよね。
けんがく

B：へえー、入るつもりなの？

A：一応。
いちおう

-------------------- (1週間後) --------------------

B：＿＿＿＿＿＿＿＿＿＿＿＿＿＿＿＿＿＿？

見学する：to have a look/参
けんがく 观/tham quan

一応：that's the plan for now/
いちおう 姑且/tạm thời là vậy

2) A：今から、映画見に行くんだよね。

B：いいなあ。

-------------------- (次の日) --------------------
つぎ

B：＿＿＿＿＿＿＿＿＿＿＿＿＿＿＿＿＿＿？

3) A：バイト先で友だちがなかなかできなくて。
さき

B：バイト先だと難しいよね。
さき むずか

-------------------- (1か月後) --------------------

B：＿＿＿＿＿＿＿＿＿＿＿＿＿＿＿＿＿＿？

バイト先：place where one
さき works part-time/打工
的地方/chỗ làm thêm

ペアで自分たちのことについて話しましょう。

前の話の続きを聞きたいところから聞く

A：（下からひとつ選んで、ペアの人に質問してください。）

- この前、「＿＿＿＿＿＿＿」って言ってたけど、
- ＿＿＿＿＿は／って、

結局 {
＿＿＿＿＿＿＿（の）？
どうした（の）？
どうなった（の）？
}
どうだった（の）？
（今）どう？

前にした話の
せりふや話題で質問

B：＿＿＿＿＿＿＿＿＿＿＿＿＿＿＿＿＿＿＿。

前にした話の続き

POINT 2 相手が前に話した内容を確認しながら聞く

確認する：to confirm／确认／
xác nhận

そのまま：without changing
it／照原样／giữ nguyên
như vậy

例1 【相手が言ったことをそのまま確認する】

ああ、「バイトの面接がある」って言ってたっけ？

例2 【自分が忘れたことを確認する】

静、どこでバイトしてるんだったっけ？

表現

「　相手のせりふ　」って言ってたっけ？

（[　疑問詞　]＋）[　普通形　]んだったっけ？
　　　　　　　確認したいこと

※な Adj.−だ な／N−だ な

　「っけ？」という表現は自分が覚えていることが正しいかどうかよくわからないときに使います。確認したいことに疑問詞を入れると「自分が忘れたこと」を確認できます。また、相手にも何の話か思い出してもらうこともできます。

練習2　ペアで練習しましょう。　🔊 17

例）（1週間前）さくら：体操の授業受けてるんだ。
　　　　　　　さくら：次、体育館行かないと。
　　　　　　　山ちゃん：ああ、この前、「体操の授業受けてる」**って言ってたっけ？**

体操：gymnastics/体操/thể dục

1）（1週間前）**A：来週、家族が日本に来るんだ。**
　　　　A：今から空港行かないと。
　　　　B：_____？

2）（1週間前）**A：バイト決まったんだ。トレドっていうカフェで。**
　　　　A：バイト行かないと。
　　　　B：どこで_____？

3）（1週間前）**A：バイト先に毎週水曜日に来るお客さんで、めっちゃかっこいい／かわいい人がいるんだ。**
　　　　　　　A：今日のバイト気合い入るわ。
　　　　　　　B：あ、今日水曜日か。_____？

気合い（が）入る：to be motivated/鼓足劲/hào hứng, hứng khởi

タスク　ペアで自分たちのことについて話しましょう。

┌─────────────────────────────────┐
│ **相手が前に話した内容を確認しながら聞く** │
└─────────────────────────────────┘

（1週間前）

A：_____。　　　前に話したこと

A：_____。　　　これからする行動

B：（下からひとつ選んで、ペアの人に質問してください。）
　　　・「_____」って言ってたっけ？　　　確認したいこと
　　　・_____んだったっけ？

A：うん。／ううん。／_____だよ。　　　短い答え
　　_____。

53

あい て　　　　　　　　　　　　　かくにん

例

さくら：この前、「静ちゃんとなんばに遊びに行った」って
　　　　　　　　　　セイ　　　　　　　　　　あそ
　　　　言ったっけ？

マイク：＜聞いたことがある場合＞あー、言ってたね！
　　　　　　き　　　　　　　　ば あい
　　　　＜聞いたことがない場合＞え、そうなんだ。
　　　　　　き　　　　　　　　ば あい

なんば［地名］
　　　　　ち めい

表現

「　　自分のせりふ　　」**って言ったっけ？**

前に自分が話した内容
　　　　　　　　ないよう

「言ったっけ？」という表現で前に自分が話した内容を相手が覚えている
　　　　　　　　　　　　　ひょうげん　　　　　　　　　　　ないよう　　あいて　　おぼ
か確認できます。**POINT 2**「言ってたっけ？」は「あなた（相手）は〜っ
　かくにん　　　　　　　　　　　　　　　　　　　　　　　　あいて
て言ってたっけ？」の「あなたは」が省略されています。**POINT 3**「言っ
　　　　　　　　　　　　　　　　　しょうりゃく
たっけ？」は「私は〜って言ったっけ？」の「私は」が省略されていま
　　　　　　わたし　　　　　　　　　　　　わたし　　　しょうりゃく
す。この違いに注意しましょう。
　　　　　ちが

省略する：to omit/省略/
しょうりゃく lược bỏ

練習 3　ペアで練習しましょう。　　🔊 18
れんしゅう　　　　　れんしゅう

例）

写真サークルの新歓に行った（前に話した？）
しゃしん　　　　　しんかん
↓
楽しそうだったから、入ることにした（伝えたいこと）
たの　　　　　　　　　　　　　　　つた

新歓＝新入生歓迎会
しんかん　しんにゅうせいかんげいかい
　（welcome party for
　new students/欢迎新
　生的宴会/tiệc chào
　mừng thành viên mới）

山ちゃん：この前、「写真サークルの新歓に行った」**って言ったっけ？**
やま　　　　　　　　　しゃしん　　　　　しんかん
さ く ら：あー、言ってたね。
山ちゃん：楽しそうだったから、入ることにしたんだ。
やま　　　　たの

1）

休みの日はいつもごろごろしている（前に話した？）
やす　　ひ
↓
先週からジムに行きはじめた（伝えたいこと）
せんしゅう　　　　　　　　　つた

A：＿＿＿＿＿＿＿＿＿＿＿＿＿＿＿＿＿＿＿＿って言ったっけ？

B：あー、言ってたね！

A：実は、先週からジムに行きはじめたんだ。
　じつ

B：えー、すごーい！　何かあったの？
　　　　　　　　　　なん

2)

> 文学の授業、毎週レポートを書かないといけない（前に話した？）
> ↓
> 今週間に合わなくて先生にめちゃくちゃ怒られた（伝えたいこと）

めちゃくちゃ：seriously/非常/cực kỳ

A：＿＿＿＿＿＿＿＿＿＿＿＿＿＿＿＿＿＿＿って言ったっけ？

B：え、そうなんだ。毎回書ける？

A：いや、今週間に合わなくて、クラスのみんなの前でめちゃくちゃ怒られて泣きそうになったんだ。

B：うわ、かわいそう。

3)

> アルバイトを始めた（前に話した？）
> ↓
> 店長がおもしろい人（伝えたいこと）

A：＿＿＿＿＿＿＿＿＿＿＿＿＿＿＿＿＿＿＿って言ったっけ？

B：あー、言ってたね。どう？

A：店長、面接のときはめちゃくちゃ怖かったんだけど、働きはじめたらすごくおもしろい人で。

B：えー、よかったじゃん。

タスク ペアで自分たちのことについて話しましょう。

> **前に相手にどこまで話したか確認しながら話す**
>
> A：「＿＿＿＿＿＿＿＿＿＿」って言ったっけ？　　前に自分が話した内容の確認
>
> -
>
> B：あー、言ってたね！／え、そうなんだ。　　　↓
>
> A：＿＿＿＿＿＿＿＿＿＿＿＿＿＿＿＿＿。　　前の話の続き

STEP 3 お互いについて知ろう
たが

POINT 1　前の話の続きを聞きたいところから聞く
つづ

POINT 2　相手が前に話した内容を確認しながら聞く
あいて　　　　　　ないよう　かくにん

POINT 3　前に相手にどこまで話したか確認しながら話す
あいて　　　　　　　　　　　かくにん

Q 話そう Q

> 場面例
> ばめんれい
> 1週間に1回同じ授業を受けている友だちに2週間ぶりに会ったの
> かい　　じゅぎょう　う
> で、カフェで話すことにしました。

（2週間）ぶり：for the first
しゅうかん
time in (two weeks)/
隔了（2周）/tròn (2
tuần)

　下のテーマから選んで、ペアで話しましょう。最後に、会話を録音しま
えら　　　　　　　　　　　　　　　　さいご　　　かいわ　ろくおん
しょう。

RECORD

アルバイト

授業
じゅぎょう

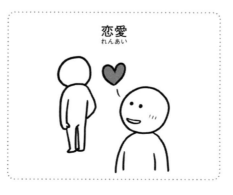

恋愛
れんあい

恋愛：romantic love/恋愛/
れんあい
yêu đương

発表しよう
<small>はっぴょう</small>

1) 「話そう」で録音したものをクラスで聞きましょう。(録音していない
<small>ろくおん</small> <small>ろくおん</small>
場合は、発表しましょう。)クラスの人は、発表者が前に話したこと
<small>ばあい</small> <small>はっぴょう</small> <small>はっぴょうしゃ</small>
は何か、最近の状況について今回初めて話したこと(前にした話の続
<small>なに</small> <small>さいきん</small> <small>じょうきょう</small> <small>こんかいはじ</small> <small>つづ</small>
き)は何かに注目して聞き、メモしましょう。そのあと、メモしたこ
<small>なに</small> <small>ちゅうもく</small>
とをクラスで共有しましょう。
<small>きょうゆう</small>

話題 <small>わ だい</small>	前に話したこと <small>まえ はな</small>	今回初めて話したこと <small>こんかいはじ はな</small>
例)静さんの <small>セイ</small>　バイト	例)・レストランの面接に行く <small>めんせつ い</small>　・調理のバイトがしたい <small>ちょうり</small>	例)調理は人手が足りてるから、 <small>ちょうり ひとで た</small>　　結局ウェイトレス <small>けっきょく</small>

2) 発表者について新しく発見したことを書きましょう。そのあと、クラ
<small>はっぴょうしゃ</small> <small>はっけん</small> <small>か</small>
スで共有しましょう。
<small>きょうゆう</small>

発見する:to discover/发现/
<small>はっけん</small>　tìm ra cái mới, phát hiện

例)静さん:希望とは違うのに頑張っている。慣れないから大変そう。 <small>セイ きぼう ちが がんば な たいへん</small>

3) チェックリストを使って、この課でうまく話せたところ、難しかった
<small>つか か はな むずか</small>
ところを振り返りましょう。　　　　▶チェックリストはダウンロード
<small>ふ かえ</small>

わかりやすい呼び方って？

お互いに知っている人や場所・日時は、相手にわかる範囲で、なるべく短く言うことで「お互いに知っている」ことを示すことができます。わかりやすい呼び方で伝えてみましょう。

初めて話す （必要なら、相手がわかるような説明を入れる）	前に話したことがある （相手が思い出せるような説明を入れる）	相手も直接知っている （あのN／ニックネームを使う）
【人】		
心理学の中山っていう先生	心理学の先生	あの先生／中山先生
友だち／ バイトの友だち	前話してたゆうじって友だち／ 前言ってた留学する友だち	ゆうじ／ゆうくん
【場所】		
駅前にあるハンバーガー屋	CAT ハンバーガー	あの店／あのハンバーガー屋
大学の坂の下	坂下、あ、あの大学の坂の下	坂下
【日時】		
この前サークルで飲み会があったんだけど、そのあと	この前の（サークルの）飲み会のあと	あのあと

親しいグループ内で特別な呼び方をしたり、ニックネームをつけたりするのも同じことです。お互いに知っていることを示すことで「私たちの共通知識」として話すことができます。これによって、仲間意識を高めることができます。

ただし、「あのN」を使うときは注意しましょう。「あの」を使うと「聞く人も知っている」ということを表します。しかし、「あの人」という表現は名前を言いたくない・言えないなど、「あの人」について否定的な話をするときが多いです。

日時：the date and time/日期和时间/ngày giờ

範囲：extent/范围/phạm vi

直接：directly/直接/trực tiếp

ニックネーム：nickname/绰号、外号/biệt danh

飲み会：drinking party/酒会、宴会/tiệc tùng

共通知識：common knowledge/共有的知识/điều mà ai cũng biết

仲間意識：sense of comradeship/团队意识，友谊/ý thức đồng đội, bạn bè

高める：to enhance/提高/nâng cao

第5課 もっと親しくなろう (2)
身近な人とのエピソード

親しさ
★★☆

家族や友だち、恋人などの身近な人との最近のエピソードを話すとき、相手にうまく伝わらない、または相手の話がよくわからなくてイライラしたり、困ったりしたことはありませんか。

よくある もやもや

Check ☑

☐ 最近の出来事を話すとき、わかりやすい話し方ができているかどうか自信がない。　 POINT 1

☐ 最近の出来事を話すとき、相手から期待する反応がないことがよくある。　POINT 1

☐ 複数の人が登場する出来事を話すのが難しい。　POINT 2

身近(な)：close to oneself/
亲近(的)/thân cận,
gần gũi

エピソード：anecdote/轶事、
奇闻/câu chuyện

イライラする：to be annoyed/
着急、焦急/bực bội

出来事：an event/发生的事
情/chuyện đã xảy ra

自信：self-confidence/自信/
tự tin

期待する：to expect/期待/
kỳ vọng

反応：reaction/反应/phản
ứng

複数：multiple/几个/nhiều

登場する：to make an
appearance/登场、出
场/xuất hiện

会話を聞きましょう。どう思いましたか。

🔊 19

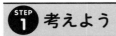

STEP 1 考えよう

もやもや会話

会話を聞きましょう。そのあとで、下線部に注目して、下の質問に答え
ましょう。

〈会話例1〉 ゴールデンウィークのあと、食堂で 🔊 19

マイク：おれ連休、帰国したよ。

さくら：えっ、アメリカに？

マイク：そうだよ。北海道の写真見てめっちゃ行きたかったよ。
　　　　でも帰らないといけなくなった。

さくら：え、何で？

マイク：親は急に「帰ってこい」って言って、北海道のホテルも飛
　　　　行機も全部キャンセルしたよ。

さくら：ええー！

マイク：それで連休帰国した。じゃあみんなは、「あー、マイク、
　　　　姉ちゃん結婚するよ。」

さくら：ん？　あ、お姉ちゃん結婚したの？　おめでとう！

マイク：まだ結婚してない。これから。

さくら：え？　まだなの？　ん？　よくわかんなくなっちゃった。
　　　　マイクの話ときどきわかりにくいんだよー。

マイク：えー。ははは。ごめーん。

連 休：consecutive holidays/
连休/kỳ nghỉ dài

キャンセルする：to cancel/
取消/hủy bỏ

> ついていけなかったな…。

> おれの話ってわかりにくかったんだ…。

ついていく：to follow/跟上/
theo kip

質問

① この会話で、マイクさんが一番伝えたかったことは何だと
　思いますか。

② マイクさんの下線部のせりふの主語は誰ですか。

主語：the subject/主语/chủ từ

60

💡 スッキリ会話 💡

会話を聞きましょう。〈会話例1〉と比べた印象を話しあいましょう。

〈会話例2〉 ゴールデンウィークのあと、食堂で　🔊 20

マイク：連休**さー、**

さくら：うん。

マイク：北海道に旅行に行くつもりだった**んだけど、**

さくら：うん。

マイク：急に親に「帰ってこい」って**言われてさ。**

さくら：え！

マイク：帰国してた**んだ。**

さくら：ええ！　何かあったの？

マイク：「何で？」って聞いたら、「帰ったら話すから」って言われてさ、

さくら：うん。

マイク：で、帰ってすぐに、

「何かあったの？」って心配して聞いたら、
「姉ちゃんが結婚することになったよー！」って言われて。

さくら：えー！　そうなんだ。よかったじゃん。

マイク：いや、そうなんだけどさ、用事、それだけだったんだよ。
ありえなくない？

さくら：まじで？　わざわざ帰ったのに？

マイク：そうなんだよ。うちの家族、いつもこうなんだよね。

さくら：あはは。仲いいんだね。

POINT 1 「オチ」に向けて
エピソードを話す

POINT 2 複数の人のせりふを
「私」の立場で話す

ありえない：unbelievable/
不可能/khó mà tin
được

わざわざ：go to the trouble
of doing something/特
意/mất công

POINT 1 「オチ」に向けてエピソードを話す
む

1）最近のおどろいた出来事を効果的に話す
さいきん　　　　　　　　　　　でき ごと　こうかてき

例1 昨日の夜さー、バイトしてたらさー、中山先生が来たんだ。
きのう

例2 昨日さー、コンビニ行ったら、ユッキー先輩が彼氏といたんだ。
きのう　　　　　　　　　　　　　　　　　せんぱい　かれ し

┌─ 表現 ─────────────────────────────┐
│   │
│ ［ N ］さー、［ V た形 − た・て形 ］たら(さ)、［ V た形 ］んだ。│
│   けい　　けい　　　　　　　　　　　　けい   │
│ ┌時間┐   ┌自分の行動┐   ┌結果┐   │
│   こうどう   けっか   │
└────────────────────────────────┘

「昨日の夜」や「日曜日」など、時間を表す言葉から始めると、これから
きのう　よる　　にちようび　　　　　じかん　あらわ ことば　　はじ
話すことが過去の出来事であることを示すことができます。また、「さー」
はな　　　　か こ　でき ごと　　　　　　　しめ
は、まだ話が続くことを表すため、話す順番を相手に取らせないようにす
はなし　つづ　　　　あらわ　　　　はな　じゅんばん　あいて　と
る効果があります。自分の行動と結果（おどろいたこと）を「たら」でつ
こうか　　　　　じぶん　こうどう　けっか
なぐと、オチ（結果の意外性やおもしろさ）を伝えるのに効果的です。文
けっか　い がいせい　　　　　　つた　　　　こうかてき　　ぶん
の最後には、「（V た形）んだ」をつけてオチを示します。
さい ご　　　　　けい　　　　　　　　しめ

2）予想していなかった自分やまわりの人の出来事を、前置きを使って
よ そう　　　　　　　　　　　　　　　　　でき ごと　　まえ お
話す
はな

例1 おれさー、留学はあきらめてたんだけど、先生が推薦してく
りゅうがく　　　　　　　　　　　　すいせん
れて、できることになったんだ。

例2 うちの弟さー、先週バイト始めたんだけど、もうやめたんだ。

┌─ 表現 ─────────────────────────────┐
│   │
│ ［ N ］さー、［ 普通形 ］んだけど、［ V た形 ］んだ。│
│   ふ つうけい　　　　　　　　　けい   │
│ ┌人┐   ┌前置き┐   ┌結果┐   │
│   まえ お   けっか   │
│   ※な Adj. − だ な／N − だ な   │
└────────────────────────────────┘

オチ：the point of the story/
（相声的）包袱/hồi kết
(hình thức hỏi đáp dẫn
đến hồi kết)

〜に向けて：(working)
む
towards .../为了〜、
向着/đưa đến 〜

効果的(な)：effective/有効
こうか てき
（的）/có mục đích

順番：order/順序/thứ tự
じゅんばん

つなぐ：to connect/连接/kết
hợp

意外性：unexpectedness/意
い がいせい
外性/yếu tố bất ngờ

前置き：introductory words
まえ お
and phrases/引子、开
场白/lời mở đầu

あきらめる：to give up (the
idea of doing
something)/放弃/từ
bỏ

推薦する：to recommend
すいせん
someone/推荐/tiến cử

自分や自分の家族、身近なまわりの人を表す名詞から始めると、これから話すことがその人についての話であることを示すことができます。また、前置きとしての情報を「んだけど」を使って説明すると、話がわかりやすくなります。例えば、例1では、先生が推薦してくれたおかげで、留学できることになりました。しかし、「留学できることになって、すごくうれしかった」という気持ちを相手に理解してもらうためには、「実はあきらめていた」ということも知ってほしいですね。このような、気持ちの理解のために必要な前置きをするとき、「んだけど」を使うと効果的です。また、例1では「推薦してくれる」「(留学)できることになった」のように授受表現、可能表現がうれしい気持ちを伝えています。例2では「もうやめた」の「もう」に「早すぎる」という気持ちが込められています。このような、気持ちを表す表現は話の「オチ」を伝えるのに効果的です。1)や2)のような話し方をすることで、相手もどんな話か理解できるようになり、おもしろい話なら笑うなど、反応しやすくなります。

込める：to put into/包含着/chứa đựng

練習1　練習しましょう。

例) 時間…………　昨日の夜

　　自分の行動……　バイトをしていた

　　結果…………　中山先生が来た

　⇒昨日の夜さー、バイトしてたら、中山先生が来たんだ。

1) 時間…………　おととい

　　自分の行動……　はりきってサークルのミーティングに行った

　　結果…………　時間を間違えてて、めちゃくちゃ怒られた

　⇒＿＿＿＿＿さー、＿＿＿＿＿＿＿たら(さ)、＿＿＿＿＿＿んだ。

はりきる：to be eager/干劲十足/đầy hăng hái

ミーティング：meeting/会议/cuộc gặp

2) 人…………　自分

　　前置き………　今月でバイトをやめるつもりだった

　　結果…………　先輩が励ましてくれて、もう少し続けることにした

　⇒＿＿＿＿＿さー、＿＿＿＿＿＿んだけど、＿＿＿＿＿＿んだ。

励ます：to encourage/鼓励、激励/động viên

3) 人…………　九州の地元の友だち

　　前置き………　東京の大学に行った

　　結果…………　ホームシックで毎月帰っている

　⇒＿＿＿＿＿さー、＿＿＿＿＿＿んだけど、＿＿＿＿＿＿んだ。

ホームシック：homesick/思乡、想家/nhớ nhà

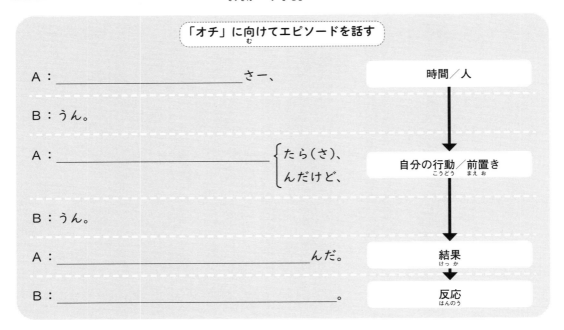

タスク ペアで自分やまわりの人の最近（さいきん）の出来事（できごと）を話しましょう。

「オチ」に向（む）けてエピソードを話す

A：＿＿＿＿＿＿＿＿＿＿＿＿＿＿＿＿さー、　　　　　　時間／人

B：うん。

A：＿＿＿＿＿＿＿＿＿＿＿ ｛たら（さ）、／んだけど、　　自分の行動（こうどう）／前置（まえお）き

B：うん。

A：＿＿＿＿＿＿＿＿＿＿＿＿＿＿んだ。　　　　　結果（けっか）

B：＿＿＿＿＿＿＿＿＿＿＿＿＿＿＿。　　　　　反応（はんのう）

POINT 2 複数（ふくすう）の人のせりふを「私」の立場（たちば）で話す

1）相手（あいて）のせりふに困（こま）った気持ちやびっくりした気持ちを表（あらわ）す

例1　「経済（けいざい）を専攻（せんこう）したい」って言ったら、
親（おや）に「だめ」って言われたんだ。

専攻（せんこう）する：to major in/攻读/
học chuyên về

例2　先輩（せんぱい）に「バイトつらいからやめたい」って言ったら、「何（なん）でも
すぐやめるのはよくない」って言われたんだ。

つらい：hard/辛苦/vất vả

表現

（私／ぼく／おれが）「　　　　　　　　　」って言ったら／聞いたら、
　　　　　　　　私のせりふ

（人に）「　　　　　　　」って言われたんだ。
　　　　人のせりふ

人のせりふに困（こま）った気持ちやびっくりした気持ちを表（あらわ）すときは、人のせ
りふを引用（いんよう）する部分（ぶぶん）を受身文（うけみぶん）にして、主語（しゅご）を自分にそろえます。そうするこ

部分（ぶぶん）：part/部分/phần
そろえる：to match/使〜一
致/đưa về thành

64

とで、聞き手はあなたの立場で話を聞くことができます。結末をもっと詳しく言うためにせりふをつけ足す場合は、「って言われて（さ）」のように理由を表す「～て（さ）」で文を終わらせるといいでしょう。

聞き手：listener/听者/người
　　　　nghe

結末：conclusion/结果/kết
　　　thúc

＜会話例１＞

親 は	急に「帰ってこい」って言って、
（おれ は）	北海道のホテルも飛行機も全部キャンセルしたよ。
（おれ は）	連休帰国した。
みんな は、	「あー、マイク、姉ちゃん結婚するよ。」（と言った。）

＜会話例２＞

（おれ は）	北海道に旅行に行くつもりだったんだけど、
（おれ は）	急に親に「帰ってこい」って言われてさ。
（おれ は）	帰国してたんだ。
（おれ が）	「何で？」って聞いたら、
（おれ は）	（親に）「帰ったら話すから」って言われてさ、
（おれ は）	帰ってすぐに、「何かあったの？」って心配して聞いたら、
（おれ は）	（親に）「姉ちゃんが結婚することになったよー！」って言われて。

2) 相手のせりふに感謝している気持ちやうれしかった気持ちを表す

感謝する：to be thankful/感
　　　　 谢/cảm tạ

例 1　「経済を専攻したい」って言ったら、親が「いいんじゃない？」って賛成してくれたんだ。

例 2　先輩に「バイトつらい」って言ったら、「他のバイト探してみたら？」って言ってくれたんだ。

表現

（私／ぼく／おれが）「　　　　　　　」って言ったら、

　　　　　　　　　　　私のせりふ

（人が）「　　　　　　」って { 言って / 賛成して / 応援して } くれたんだ。

　　　　人のせりふ

応援する：to support/支持/
　　　　 hỗ trợ

第5課

もっと親しくなろう(2)

相手のせりふに感謝している気持ちやうれしかった気持ちを表すとき
は、例のように「～てくれる」を使うといいでしょう。

練習2 ペアで練習しましょう。

例) Bさんに、あなた(A)と高校の先輩の会話を伝えてください。

あなた < CAT大学に行きたい。

高校の先輩 < いいと思うよ。

⇒A：高校の先輩に、「CAT大学に行きたい」って言ったら、
　　　「いいと思うよ」って言ってくれたんだ。

　　B：へえ、そうなんだ。

1) あなた < 留学したい。

あなたの親 < 大丈夫なの？

⇒A：＿＿＿＿＿＿＿＿＿＿＿＿＿＿＿＿＿＿＿＿＿＿。

　　B：ええっ！　そうなんだ。

2) あなた < この授業って来学期もあるんですか？

先生 < どうでしょうね。

⇒A：＿＿＿＿＿＿＿＿＿＿＿＿＿＿＿＿＿＿＿＿＿＿。

　　B：えー！　あはは、何それ。

3) あなた < 打ち上げの幹事、やります。

先輩 < 困ったときはいつでも言ってね！

⇒A：＿＿＿＿＿＿＿＿＿＿＿＿＿＿＿＿＿＿＿＿＿＿。

　　B：おー！　さすが先輩、頼りになるね。

打ち上げ：a party to celebrate
　　　the successful
　　　completion of a project/
　　　庆功宴/tiệc hoàn thành
　　　một dự án

幹事：organizer/干事、负责
　　　人/cán sự

さすが：as expected/真不愧
　　　是/quả thật là

頼りになる：to be
　　　dependable/可靠/
　　　đáng tin cậy

タスク ペアで自分たちのことについて話しましょう。

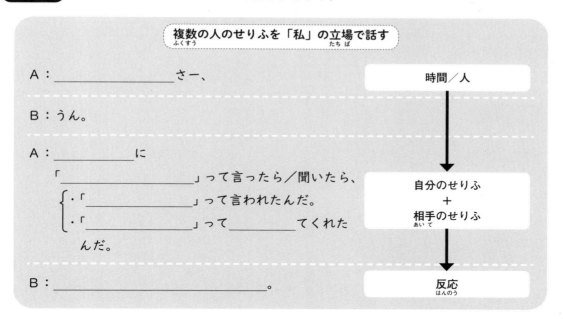

複数の人のせりふを「私」の立場で話す
ふくすう　　　　　　　　　　　たち ば

A：＿＿＿＿＿＿＿＿＿＿さー、

B：うん。

A：＿＿＿＿＿＿に
　「＿＿＿＿＿＿＿＿＿＿」って言ったら／聞いたら、
　{・「＿＿＿＿＿＿＿」って言われたんだ。
　　・「＿＿＿＿＿＿＿」って＿＿＿＿＿＿てくれた
　　んだ。

B：＿＿＿＿＿＿＿＿＿＿＿＿＿＿。

時間／人

自分のせりふ
＋
相手のせりふ
あい て

反応
はんのう

STEP 3 お互いについて知ろう
たが

> **POINT 1** 「オチ」に向けてエピソードを話す
> む
> **POINT 2** 複数の人のせりふを「私」の立場で話す
> ふくすう　　　　　　　　　　　たちば

🗨️話そう🗨️

| 場面例
ば めんれい | 授業に行くと、友だちが先に来ていました。隣に座って話しかける
じゅぎょう　　　　　　　　　　　　　　　　　　　　となり　すわ　はな
ことにしました。 |

話しかける：to speak to
はな　someone/搭话/bắt
chuyện

下のテーマから選んで、ペアで話しましょう。最後に、会話を録音しま
えら　　　　　　　　　　　　　さいご　　　　ろくおん
しょう。

🎤 RECORD

あなたの最近のエピソード
さいきん

家族や友だちとの

最近のエピソード
さいきん

恋人との最近のエピソード
こいびと　　さいきん

発表しよう
はっぴょう

1) 「話そう」で録音したものをクラスで聞きましょう。（録音していない
　　ろくおん　　　　　　　　　　　　　　　　　　　　　ろくおん
　　場合は、発表しましょう。）クラスの人は、話の「オチ」が何か、「私」
　　ばあい　はっぴょう　　　　　　　　　　　　　　　　　　　なに
　　の立場で話せているかに注目して聞き、メモしましょう。そのあと、
　　たちば　　　　　　ちゅうもく
　　メモしたことをクラスで共有しましょう。
　　　　　　　　　　　きょうゆう

> 例）マイクさん：親に言われて帰国したら、お姉ちゃんが結婚するという話だけだった
> 　　　　　　　　おや　　　　きこく　　　　　　　　　けっこん

2) 発表を聞いて、クラスの人の家族や友だち、恋人がどんな人か、わかっ
　　はっぴょう　　　　　　　　　　　　　　　　こいびと
　　たことがあれば書きましょう。そのあと、クラスで共有しましょう。
　　　　　　　　　　　　　　　　　　　　　　　　　きょうゆう

> 例）マイクさん：お姉ちゃんがいる、家族の仲がいい、びっくりさせるのが好きな家族
> 　　　　　　　　　　　　　　　　　　なか

3) チェックリストを使って、この課でうまく話せたところ、難しかった
　　　　　　　　　　つか　　　　　　か　　　　　　　　　　　　　むずか
　　ところを振り返りましょう。　　　　　▶チェックリストはダウンロード
　　　　　ふ　かえ

ひとつの文では話せない！ 長くて複雑な経験の話

　話が複雑なときはどうしたらいいでしょうか。第5課の「スッキリ会話」(p.61)を参考に、考えてみましょう。

　まず、STEP2の基本の表現を使って、結果を簡潔に伝えましょう。下の例では、**POINT 1**の表現「〜さー、〜んだけど、〜んだ」と**POINT 2**の表現「〜って言われ(たんだ)」が使われています。

> 連休さー、北海道に旅行に行くつもりだったんだけど、帰国してたんだ。
>
> | 理由 | 急に親に「帰ってこい」って言われて |

基本：basis/基本/cơ bản
簡潔(な)：concise/简洁(的)/ngắn gọn

　次に、登場人物の具体的なせりふなどを話すといいでしょう。聞き手がその場面をより想像しやすくなります。

> 「何で？」って聞いたら、「帰ったら話すから」って言われてさ、

　さらに続ける場合は、接続詞を使うといいでしょう。「便利な話しことば」の接続詞の項目 (p.95) を参考にしてください。

接続詞：conjunction/连词/liên từ

項目：item/项目/danh mục

> で、帰ってすぐに、「何かあったの？」って心配して聞いたら、「姉ちゃんが結婚することになったよー！」って言われて。

　これらを組み合わせると、長くて複雑な話もわかりやすく話すことができます。

組み合わせる：to combine/组合/ghép lại, kết hợp

第6課

親しさ ★★★

仲を深めよう
よくある経験

　自分の経験を話したとき、相手の反応があまりない、または、相手の経験の話を聞いたとき、うまく反応できなくて、もやもやしたことはありませんか。

よくある もやもや

Check ☑

☐ 相手もしたことがありそうな経験について話しているのに、相手の反応があまりない。　　　　　　　　　**POINT 1**

☐ 相手の経験の話を聞いたとき、どのタイミングであいづちを打ったり、自分の話を始めたりしたらいいかわからない。　　　　　　　　　**POINT 2**

タイミング：timing/时机/thời điểm

あいづちを打つ：to make appropriate responses while the other person is speaking/随声附和/ra hiệu (cử chỉ, hành động, lời nói để tỏ cho đối phương thấy ta đang nghe câu chuyện của họ)

会話を聞きましょう。どう思いましたか。

🔊 21

えっ…、
へえー。
おもしろいね。

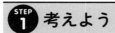

STEP 1　考えよう

〔もやもや会話〕

　会話を聞きましょう。そのあとで、下線部に注目して、下の質問に答え
ましょう。

〈会話例1〉坂下のレストランで食事をしたあと
🔊 21

（前の話題が終わって少し沈黙）

マイク：この前さー、久しぶりに帰国したらさ、母親が全身おれの
　　　　服着てたんだー。アニメのTシャツと短パン。

　静　：えっ…、へえー。

マイク：「ちょっと…、おれの服着るなよ！」って言ったら、
　　　　「あんたが着ない服なんだから、いいでしょ。動きやすくて
　　　　いいわー」って言われちゃってさ。

　静　：あはは。マイクのお母さんっておもしろいね。

マイク：うん、そうなんだよー。

　静　：へー…。

マイク：……。

母親：mother (used by men when talking about their own mother to someone else)/母亲（男性与其他人谈及自己的母亲时、对自己母亲的称呼）/mẹ (cách gọi của con trai khi nhắc đến mẹ mình với người thứ 3)

全身：from top to toe/全身/toàn thân

短パン＝短いパンツ (short pants/短裤/quần đùi)

あんた＝あなた（you (used by middle-aged women when addressing their family members affectionately)/你(多用于中年女性对家人的亲密称呼)/anh, con, mày (cách gọi của phụ nữ trung niên với những người trong gia đình để thể hiện sự thân mật))

マイクの話はおもしろかったけど、
私のお母さんは私の服着たりしないし…。
何を話せばいいのかな。

おれの話、あまりおもしろくなかったのかな。
静にはこんな経験ってないのかな。

質問

① 静さんの経験も聞くために、マイクさんは何をすればよ
　かったのでしょうか。

② 静さんは、マイクさんの話にどんなあいづちを打っていま
　すか。

💡 スッキリ会話 💡

会話を聞きましょう。〈会話例1〉と比べた印象を話しあいましょう。

〈会話例2〉 坂下のレストランで食事をしたあと　🔊 22

（前の話題が終わって少し沈黙）

マイク：**あのさ、母親にびっくりさせられたことある？**

静：え、ううん、ないなあ。

マイク：この前さー、

静：**うん。**

マイク：久しぶりに帰国したらさ、

静：**うん。**

マイク：母親が全身おれの服着てたんだー。
アニメのTシャツと短パン。

静：**えー！**

> **POINT 1** 似たような経験があるかどうか
> を初めに聞く

> **POINT 2** 相手の経験を自分の経験と
> 比べながら聞いて、自分の経験も話す

マイク：「ちょっと…、おれの服着るなよ！」って言ったら、
「あんたが着ない服なんだから、いいでしょ。
動きやすくていいわー」って言われちゃってさ。

静：**そうなんだ。あはは、マイクのお母さんっておもしろいね。**

マイク：ほんと、困るだろー。

静：**私はお母さんに服を着られたことはないなあ。**
お姉ちゃんにはしょっちゅう服持って行かれるけど。

マイク：そうなんだ！　それも困るなー。

困る：troubling, annoying
(same meaning as ま
いる and まいった)/
难办(意思是"まい
る、まいった(难办、
受不了)")/bó tay luôn,
chết thật! (dùng với ý bối
rối, cùng nghĩa với まい
る hay まいった)

しょっちゅう：constantly/
经常/thường hay

POINT 1　似たような経験があるかどうかを初めに聞く
　　　　　に　　　　　　けいけん　　　　　　　　　はじ

例1　（前の話題が終わって少し沈黙）
　　　　わだい　　　　　　　　　　ちんもく
　　あのさ、母親にびっくりさせられたことある？
　　　　　　ははおや

表現

あのさ、［　Ｖた形　］ことある？
　　　　　　　　けい
　　　　　　経験
　　　　　　けいけん

　相手にも似たような経験があるかどうかを初めに聞けば、「私たちのこと」
　あいて　　に　　　　　　けいけん　　　　　　　　　　はじ　　き
として２人で話す準備ができます。〈会話例1〉では、静さんは自分とは関係
　　　ふたり　　　はな　じゅんび　　　　　　　かいわれい　　　　　セイ　　　　　　　　かんけい
ないこととしてマイクさんの経験の話を聞いています。いっぽう〈会話例2〉
　　　　　　　　　　　　　　けいけん　はなし　き　　　　　　　　　　　　かいわれい
では、マイクさんが静さんにも似たような経験があるかどうかを初めに聞
　　　　　　　　セイ　　　　　　に　　　　　　けいけん　　　　　　　　　はじ　き
いています。また、「母親」というキーワードによって、マイクさんは静さ
　　　　　　　　　　ははおや　　　　　　　　　　　　　　　　　　　　　　セイ
んと自分を「（家族の中の）子ども」としてカテゴリー化して扱っていま
　　　　　　かぞく　なか　　こ　　　　　　　　　　　　か　　あつか
す。これによって、静さんはマイクさんの経験の話をマイクさんと同じ立
　　　　　　　　　セイ　　　　　　　　　　　けいけん　はなし　　　　　　　　　おな　たち
場（家族の中の子ども）で聞くことができるようになっています。
ば　かぞく　なか　こ　　　　き
　前の話題が終わって少し沈黙したあとに、今までの話題とは違うことを
　まえ　わだい　　　　　　　　　　ちんもく　　　　　　いま　　　　わだい　　ちが
質問したら、何か話したいことがあると相手にもわかってもらえます。「あ
しつもん　　　なに　はな　　　　　　　　　　あいて
のさ」は今までと違う話を始めるときの表現です。質問して短い答えが
　　　　いま　　　ちが　はなし　はじ　　　　　　ひょうげん　　しつもん　　みじか　こた
返ってきたら、自分の経験について話しましょう。
かえ　　　　　　　　　けいけん

例2　（前の話題が終わって少し沈黙）
　　　　わだい　　　　　　　　　　ちんもく
　　Ａ：あのさ、母親にびっくりさせられたことある？　　【質問】
　　　　　　　ははおや　　　　　　　　　　　　　　　　　　しつもん
　　Ｂ：あー、あるよー。／え、ううん、ないなあ。　【短い答え】
　　　　　　　　　　　　　　　　　　　　　　　　　　　みじか
　　Ａ：この前さー、久しぶりに帰国したらさ、　　　【自分の経験を話す】
　　　　　　まえ　　ひさ　　　　きこく　　　　　　　けいけん
　　　　　母親が全身おれの服着てたんだー。
　　　　　ははおや　ぜんしん　　　　ふく き

　質問された人は、自分のことについては短く答えるだけにして、相手に
　しつもん　ひと　　じぶん　　　　　　　　　みじか　こた　　　　　　　あいて
話をさせてあげましょう。（詳しく話したいときは、相手の話が終わったあ
はなし　　　　　　　　　　くわ　はな　　　　　　　　あいて　はなし
とに話しましょう。）「あー」は思い出したことを表す表現です。「え」は
　　はな　　　　　　　　　　　　おも　だ　　　　あらわ　ひょうげん
意外なことを聞かれたという気持ちを表す表現です。
いがい　　　　き　　　　　　　　　きも　　あらわ　ひょうげん

いっぽう：on the other hand/
另一方面/mặt khác

カテゴリー化する：to put
　　　　　　か
into categories/归为
某个种类/phân ra

扱う：to treat/对待/đối xử,
あつか
xem như

返る：to get (a reply)/回答/
かえ
đáp lại

練習1 ペアで練習しましょう。経験を話すとき、〰〰〰 のように第5課の表現（pp.62-67）を積極的に使いましょう。 🔊 23

積極的（な）：active/积极（的）/một cách tích cực

言い間違える：to misspeak/说错/nói sai

顔色：complexion/脸色/sắc mặt

例）日本語で言い間違えた経験（「顔が悪い」と「顔色が悪い」を間違えた）

静：**あのさ、** 日本語で言い間違えちゃった**ことある？**

マイク：あー、ある！

静：この前さー、先生が気分悪そうだったから、

「先生、顔が悪いですよ」って言ったら、

「顔じゃなくて顔色でしょ」って怒られちゃったんだ。

1）悪くないのに怒られた経験（下を向いていたら、先生に「寝ないで！」と言われた）

A：あのさ、＿＿＿＿＿＿＿＿＿＿＿＿＿＿＿＿ことある？

B：＿＿＿＿＿＿＿＿＿＿＿＿。

A：＿＿＿＿＿＿＿＿＿＿＿＿＿＿＿＿＿＿＿＿。

向く：to look (down)/向着/cúi

2）外国人扱いされた経験（自己紹介しかしていないのに、「日本語上手ですね！」と言われた）

A：あのさ、＿＿＿＿＿＿＿＿＿＿＿＿＿＿＿＿ことある？

B：＿＿＿＿＿＿＿＿＿＿＿＿。

A：＿＿＿＿＿＿＿＿＿＿＿＿＿＿＿＿＿＿＿＿。

～扱い：be treated like .../（作為～）对待/bị xem là ～

3）日本で自分の国の料理を食べた経験（量がめっちゃ少なかった）

A：あのさ、＿＿＿＿＿＿＿＿＿＿＿＿＿＿＿＿ことある？

B：＿＿＿＿＿＿＿＿＿＿＿＿。

A：＿＿＿＿＿＿＿＿＿＿＿＿＿＿＿＿＿＿＿＿。

量：the amount/量/số lượng

タスク ペアで自分たちのことについて話しましょう。

似たような経験があるかどうかを初めに聞く
A：あのさ、＿＿＿＿＿＿＿＿＿＿＿＿ことある？　質問
B：＿＿＿＿＿＿＿＿＿＿＿＿。　短い答え
A：＿＿＿＿＿＿＿＿＿＿＿＿＿＿＿＿＿＿。　自分の経験

1）相手の話を聞きながらあいづちを打つ
　　　あいて　　　　　　　　　　　　　　　　　　う

例

山ちゃん：この前さ、

さ く ら：**うん。**

山ちゃん：うちに着いたらさ、

さ く ら：**うん。**

山ちゃん：玄関のドアがうすーく開いてて、
　　　　　げんかん

さ く ら：**えーっ！**

山ちゃん：めっちゃびっくりしたよ。

表現

うん：情報を受け取るあいづち
　　　　じょうほう　う　と

えー：おどろきを示すあいづち
　　　　　　　　　　しめ

あー：理解・共感を示すあいづち
　　　　りかい　きょうかん　しめ

受け取る：to receive/接收/
う　と　　tiếp nhận

おどろき：surprise/吃惊/
　　　　　bất ngờ

　相手の話を聞いていることを示すために、短いあいづちを打ちましょ
　あいて　　　　　　　　　　しめ　　　　　　みじか　　　　　　　　う
う。相手の話の語尾に「さ」「けど」「ね」などが付くとき、語尾が平らな
　　あいて　　ごび　　　　　　　　　　　　つ　　　　ごび　たい
とき、語尾がのびているときなどに、まだ話が途中であることがわかりま
　　ごび　　　　　　　　　　　　　　　　　　　とちゅう
す。そのようなときが、あいづちを打つタイミングです。
　　　　　　　　　　　　　　　う

語尾：the end of a sentence/
ごび　句末/cuối câu

付く：to be attached/附加/
つ　　thêm vào

平ら（な）：flat/平坦（的）/
たい　　　　bằng phẳng

のびる：to be dragged out/
　　　　拉长/kéo dài

2）相手の話が終わったあと、相手の経験に理解・共感を示し、自分の
　　　あいて　　　　　　　　　あいて　けいけん　りかい　きょうかん　しめ
　　似たような経験を話す
　　に　　　　　けいけん

例

山ちゃん：この前さ、

マ イ ク：うん。

山ちゃん：ポスト開けたら、

マ イ ク：うん。

山ちゃん：電気代１万円請求来ててさ、
　　　　　　　　　　　せいきゅう

マ イ ク：えー！

山ちゃん：めっちゃショックだったよ！

マ イ ク：**あー、わかるわかる！　おれも**ガス代むちゃくちゃ

高かった**ことある。**

請求：bill/账单/yêu cầu
せいきゅう　thanh toán

ショック（な）：shocking/震
惊（的）/bất ngờ

むちゃくちゃ：super/非常/
　　　　　　　kinh khủng

表現

あー！／わかるわかる。／わかるー！

理解・共感
りかい きょうかん

＋

私／おれ／ぼくも ［ Ｖた形 ］ことある。
　　　　　　　　けい
　　　　　　　　　［ Ｖた形 ］。
　　　　　　　　けい
　　　　　　　　　［ Ｖて形 ］る。
　　　　　　　　けい

似たような経験
に　　　　　けいけん

　相手の話の語尾が終止形のとき、「〜んだよね／な」などが付くときなど
あいて　　　ごび　しゅうしけい　　　　　　　　　　　　　　　　　　　つ
に相手の話が終わったことがわかります。そのあと、「あー！」「わかるわ
あいて
かる。」という理解・共感を示す表現を使うと、似たような経験のあるこ
りかい　きょうかん　しめ　ひょうげん　　　　　に　　　　けいけん
とが相手に早く伝わります。「私／おれ／ぼくも」で始まる自分の経験は、
あいて　　　つた　　　　　　　　　　　　　　　　　　けいけん
相手の話が終わったあとに話しましょう。
あいて

3）相手の話が終わったあと、似たような経験がないことを伝える
あいて　　　　　　　　　　　　　に　　　　けいけん　　　　　つた

例

山ちゃん：この前さ、

マイク：うん。

山ちゃん：電気代１万円請求来ててさ、
　　　　　　　　　　せいきゅう

マイク：えー！

山ちゃん：めっちゃショックだったよ！

マイク：**そうなんだ。それは高いな！　おれは 3000 円超え**
　　　　　　　　　　　　　　　　　　　　　　　こ
　　　　たことないなあ。うち、エアコンないから。

超える：to be more than／超
こ　　　過／vượt quá

表現

そうなんだ。（情報を受け取る）
　　　　　　　じょうほう　う　と
ほんと／まじ？（意外だと感じていることを示す）
　　　　　　　　いがい　　かん　　　　　　しめ

＋

［ 普通形 ］ね／な。 話に対する評価
ふつうけい　　　　　　　たい　　ひょうか

＋

（私／おれ／ぼくは）［ 普通形 ］なあ／から／よ。
　　　　　　　　　　　ふつうけい

似たような経験がないことを伝える
に　　　　　けいけん　　　　　　つた

相手と似たような経験がないときは、まず、「そうなんだ。」などの表現のあとに相手の話に対して評価を述べましょう。評価を述べることによって、理解を示したり、その話について自分がどう感じたかを伝えることができます。次に、自分には似たような経験がないことを伝えましょう。そのあとで、もっと話を続けたい場合は、その理由を話したり、自分のこと（少しでも似たような経験）を話すと、さらに仲間意識が生まれます（母親に自分の服を着られたことはないが、姉に服を持って行かれたことはある、など）。そうすれば、お互いに理解しあうことができ、相手に嫌な思いをさせません。ただし、悩みごとのような話題（例：失恋、奨学金に落ちた、など）のときは、相手の話を聞くだけにして、自分の経験は話さないほうがいいでしょう。「私は振られたことないなあ」などと言うと、自慢に聞こえてしまいます。

述べる：to express/叙述/bày tỏ

ただし：however/不过/tuy nhiên

悩みごと：a matter causing worry/烦恼/điều lo lắng

失恋：a broken heart/失恋/thất tình

奨学金：scholarship/奖学金/tiền học bổng

振る：to turn down, to dump/抛弃, 甩/bỏ rơi

自慢：boasting/自夸/tự mãn

練習2 ペアで話しましょう。 🔊 24

＜1回目＞ Aさん：せりふをそのまま読みましょう。

Bさん：Aさんの話を聞きながら（　　）であいづちを打ち、下線部をそのまま読みましょう。

＜2回目＞ Aさん：せりふをそのまま読みましょう。

Bさん：自分にも似たような経験があるかどうか考えながら（　　）であいづちを打ち、自分の経験を話しましょう。（下線部を自分で考えましょう。）

例） さくら：この間、試験前に徹夜したらさ、（ **うん。** ）

さくら：次の日起きられなくって、（ **えー！** ）

さくら：遅刻しちゃったんだよね。

山ちゃん：**まじ？**　大変だったね。**おれは**試験で遅刻はしたことな **いなあ。** 試験の前の日でもしっかり寝てるから **なあ。**

徹夜する：to stay up all night/熬夜/thức trắng đêm

1）A：この前パソコンがフリーズしてさー、（　　　　）

A：保存してなかったから、（　　　　）

A：データ消えそうになってあせったんだよね。

B：わかる！　私もデータ消えそうになったことある！

フリーズする：to freeze/死机/treo máy

保存する：to save/保存/lưu lại

データ：data/数据/dữ liệu

あせる：to get anxious/着急/bối rối

2) A：この前歩いてたらさ、（　　　　）

　　A：道に財布落としちゃってさ、（　　　　）

　　A：どうしようー！って思ったよ。

　　B：<u>そうなんだ！　それはあせるよねー。私はいつも財布に 1000 円</u>
　　　<u>ぐらいしか入ってないからなあ。</u>

ネット＝インターネット

けん玉：traditional Japanese
cup-and-ball game/托
球游戏/trò chơi
kendama

チャンピオン：champion/
冠军/vô địch

3) A：この前、ネットで自分の名前探したらさ、（　　　　）

　　A：同じ名前でけん玉チャンピオンが出てきてさ、（　　　　）

　　A：まじびっくりした。

　　B：<u>わかるわかる！　おれも、自分の名前探したら、政治家が出て</u>
　　　<u>きたことある。</u>

タスク　ペアで自分たちのことについて話しましょう。「あのさ、～ことある？」から会話を
始めてもかまいません。

┌─────────────────────────────────────┐
│　　　**相手の経験を自分の経験と比べながら聞いて、自分の経験も話す**　　　│
└─────────────────────────────────────┘

＜パターン１：似たような経験がある場合＞

A：＿＿＿＿＿＿＿＿＿＿＿＿＿＿＿＿＿＿。　　┌──────────┐
　　　　　　　　　　　　　　　　　　　　　　　│　　経験　　　│
- -　└─────┬────┘
B：＿＿＿＿＿＿＿＿＿＿＿＿。　　　　　　　　　　　　↓
　＿＿＿も、＿＿＿＿＿＿＿＿＿＿＿。　　　┌──────────┐
　　　　　　　　　　　　　　　　　　　　　　│理解・共感＋似たような経験│
　　　　　　　　　　　　　　　　　　　　　　└──────────┘

＜パターン２：似たような経験がない場合＞

A：＿＿＿＿＿＿＿＿＿＿＿＿＿＿＿＿＿＿。　　┌──────────┐
　　　　　　　　　　　　　　　　　　　　　　　│　　経験　　　│
- -　└─────┬────┘
B：＿＿＿＿＿＿＿＿＿。　　　　　　　　　　　　　　　↓
　＿＿＿＿＿＿＿＿＿＿ね／な。　　　　　　┌──────────┐
　（＿＿＿は）＿＿＿＿＿＿＿なあ／から／よ。│情報受け取り／
　　　　　　　　　　　　　　　　　　　　　　│意外さを示す言葉
　　　　　　　　　　　　　　　　　　　　　　│＋評価
　　　　　　　　　　　　　　　　　　　　　　│＋自分の経験（経験なし）│
　　　　　　　　　　　　　　　　　　　　　　└──────────┘

STEP 3 お互いについて知ろう

| POINT 1 | 似たような経験があるかどうかを初めに聞く |
| POINT 2 | 相手の経験を自分の経験と比べながら聞いて、自分の経験も話す |

話そう

場面例 食堂で友だちと昼ご飯を食べたあと、次の授業がないので、おしゃべりをすることにしました。

下のテーマから選んで、ペアで話しましょう。最後に、会話を録音しましょう。

RECORD

留学生活

授業・先生

家族・友だち

1) 「話そう」で録音したものをクラスで聞きましょう。（録音していない
ろくおん　　　　　　　　　　　　　　　　　　　　　ろくおん
場合は、発表しましょう。）クラスの人は、発表者同士に「似たよう
ばあい　　はっぴょう　　　　　　　　　　　　　　　　はっぴょうしゃどうし　　に
な経験」があったかどうか、そのときの気持ちに注目して聞き、メモ
けいけん　　　　　　　　　　　　　　　　　　　　　　　　ちゅうもく
しましょう。そのあと、メモしたことをクラスで共有しましょう。
きょうゆう

似たような経験が｛a. あった　　b. なかった｝
に　　　　　けいけん

（　　　　　　　）さんの経験　　　例）マイクさん：母親に自分の服を着られた。
けいけん　　　　　　　　　　　　　　ははおや
　　　　　　　　　　　　　　　　　　　　　　　　びっくりさせられた。

（　　　　　　　）さんの経験　　　例）静さん：姉に自分の服をよく着られている。
けいけん　　　　　　　セイ
　　　　　　　　　　　　　　　　　　　　　　　びっくりさせられた。

2) 発表者と似たような経験が自分にもあるか書きましょう。そのあと、
はっぴょうしゃ　に　　　　　けいけん
クラスで共有しましょう。
きょうゆう

自分にも似たような経験が｛a. ある　　b. ない｝
に　　　　　けいけん

例）おばあちゃんに自分の服を着られた。

3) チェックリストを使って、この課でうまく話せたところ、難しかった
か　　　　　　　　　　　むずか
ところを振り返りましょう。　　　　　▶チェックリストはダウンロード
ふ　かえ

その文、長くない？

　会話では、ひとつの文が長すぎると、聞いている人にとってはわかりにくくなります。会話は、書かれた文章と違って何度も最初に戻って見直したりすることはできないからです。聞いている人にできるだけ早く話を理解して、反応してもらうようにするには、ひとつの文を短くすることが重要です。

　以下の例を考えてみましょう。

① a. あのさー、友だちと会おうって約束して、会う場所を間違えたことある？

　 b. あのさー、待ち合わせの場所間違えたことある？

② a. 両親へのプレゼントに何をあげたらいいか悩んだことある？

　 b. 両親へのプレゼントで悩んだことある？

　①も②も、a. より b. のほうが簡潔でわかりやすくなっているのではないでしょうか。

　複文を単文にするなど、短く、わかりやすく伝える方法を考えてみましょう。

見直す：to have another look／重新看／sửa lại

重要（な）：important／重要（的）／quan trọng

待ち合わせ：appointment／碰头、约会／cuộc hẹn

複文：a complex sentence／复句／câu phức

短文：a simple sentence／单句／câu đơn

第7課 もっと仲を深めよう
共通の思い出

親しさ
★★★

楽しかったこと、うれしかったこと、大変だったこと、びっくりした こと…。一緒にしたことについて、思い出を話しているのに盛り上がら なかったことはありませんか。

共 通：common/共同、相通/ chung, tương đồng

思い出：memory/回忆/ký niệm, ký ức

盛り上がる：the conversation takes off/热烈/phấn khích

よくある もやもや

Check ☑

☐ 友だちとの会話で自分たちの思い出を話しているのに、あま り盛り上がらない。　POINT 1　POINT 2　POINT 3

会話を聞きましょう。どう思いましたか。

◀)) 25

旅行！

STEP 1 **考えよう**

もやもや会話

　会話を聞きましょう。そのあとで、<u>下線部</u>に注目して、下の質問に答え
ましょう。

〈会話例1〉食堂で　　　　　　　　　　　　　　　🔊25

さ く ら：あー、打ち上げの店、全く決まらないね。

マ イ ク：おれたち、何時間話してる？

山ちゃん：もう2時間ぐらい？

　静 　：<u>みんなで旅行に行ったときも、いろいろ決まらなかった</u>
（セイ）　　<u>よね。</u>

マ イ ク：決まらなかった決まらなかった！　<u>で、打ち上げの店</u>
　　　　　<u>どうする？</u>

山ちゃん：あ、えーと、うん、どうしようか。

さ く ら：もう、適当でいいんじゃない？

マ イ ク：じゃあ、ジャンケンで決めよう！

　静 　：ええー！
（セイ）

適当（な）：random/适当（的）/
（てきとう）　dại khái

ジャンケン：rock-paper-
　　　　　scissors/划拳/oẳn tù tì

あれ？　旅行の内容が全然決まらないときに、
みんながいろいろ言ってたのがおもしろかったんだけど…。
それって私だけ？

質問

① この会話で、静さんはどんな話がしたかったと思います
（セイ）か。それがわかるのはどこですか。

② 静さんは、みんなにどのように答えてほしかったと思いま
（セイ）すか。

84

💡 スッキリ会話 💡

会話を聞きましょう。〈会話例1〉と比べた印象を話しあいましょう。

〈会話例2〉食堂で　🔊 26

さくら：あー、打ち上げの店、全く決まらないね。

マイク：おれたち、何時間話してる？

山ちゃん：もう2時間ぐらい？

> **POINT 1** 相手が思い出しやすいように話す

静：**そういえば、みんなで旅行に行ったとき**も、行き先決める**だけですごい時間かかった**よね。

行き先：destination／目的地／điểm đến

マイク：**そうそう！　さくらが「夏だから海に行きたい」とか言ってさー。**

山ちゃん：**そうそう！　そしたらマイクが「山にも行きたい」とか言ってなかった？**

さくら：**言ってた言ってた！　山ちゃんも「絶対にホテルじゃなくて旅館がいい」とか言うから、全然決まらなかったよね。**

静：**そうそう！　ほんと、みんな好きなこと言ってた**よね。

> **POINT 2** 誰かが言ったことを引用しながらいきいきと伝える

> **POINT 3** 共感が伝わるように、そのときの気持ち・具体的な出来事を表現しながら話す

85

POINT 1 相手が思い出しやすいように話す
あい て

例1 ＜星がきれいな夜空を見ている＞
ほし　　よぞら

さくら：（空を見ながら）わー！　きれい！

マイク：**そういえば、新入生キャンプのときもすごくきれい**
しんにゅうせい

だったよな。

夜空：the night sky／夜空／
よぞら　　trời đêm

そういえば：that reminds me／
说起来／à, nói đến điều
đó thì

例2 ＜もうすぐ自分たちが泊まるホテルに着く＞
と

マイク：調べながら来たのにめっちゃ迷ったな。
しら　　　　　　　　まよ

山ちゃん：まあ、何とか着いてよかったな。**そういえば、韓国**
なん　　　　　　　　　　　　　　　　　　　かんこく

旅行に行ったときも韓国語が話せないのに道に迷っ
かんこく ご　　　　　　　　まよ

て大変だったよな。
たいへん

新入生キャンプ：a camp to
しんにゅうせい　　welcome new students／
新生宿营／hội trại dành
cho tân sinh viên

迷う：to lose one's way／迷路／
まよ　　lạc (đường)

表現

そういえば、〔　N　〕も

場面
ば めん

〔　い Adj.／な Adj.／N／V　〕**なかった？** （否定疑問文）
ひ てい ぎ もんぶん

〔　　　普通形　過去　　　〕**よね／な。**
ふ つうけい　 か こ

気持ち・出来事
で きごと

　今の状況や話題から、一緒に経験した過去の出来事を思い出したとき、「そ
じょうきょう　わ だい　　　　いっしょ けいけん　　か こ　で きごと

ういえば」を使って話しはじめます。また、「なかった？」「よね／な」を使

うと、相手から共感してもらいやすくなります（→第2課 POINT1 pp.26-28）。
あい て　きょうかん　　　　　　　　　　　　　　　だい か

まず、相手にも同じ場面や出来事を思い出してもらい、共感してもらうと、
あい て　　　　ば めん　で きごと　　　　　　　　　　きょうかん

次の会話からさらに盛り上げることができます。
つぎ　　　　　　　　　　も あ

練習1　ペアで練習しましょう。

🔊 27

例）さくら：うわー！　土砂降りだ！

> 入学式のときも降っていた

> 土砂降り：a downpour/倾盆
> 　　　　　大雨/mưa tầm tã

マイク：わー！　ほんとだ！　**そういえば、**入学式のときも**これ**
ぐらい降って**なかった？**

1）A：はあー。このプロジェクト、間に合うのかなあ。

> 前のプロジェクトも時間がかかった

B：このままだと間に合わないかもしれないね。
　　そういえば、＿＿＿＿＿＿＿＿＿＿＿＿＿＿＿＿＿＿＿＿。

> プロジェクト：project/项目/
> 　　　　　dự án

2）A：あはは！　先生、またおかしなこと言ってるー！

> 新入生キャンプのときも先生がおもしろいことを言っていた

B：あははは！　そういえば、＿＿＿＿＿＿＿＿＿＿＿＿＿。

> おかしな：funny/可笑/thú
> 　　　　　vị, tếu

3）A：先輩の乾杯のあいさつ、長いね。

> 初めてのサークルの歓迎会でもめっちゃ長かった

B：うん。そういえば、＿＿＿＿＿＿＿＿＿＿＿＿＿＿＿。

> 乾杯：a toast/干杯/cạn ly
>
> 歓迎会：a welcome party/欢
> 　　　　迎会/tiệc chào mừng

タスク　ペアで自分たちの出会ったころのことを話しましょう。（共通の思い出がすぐに思い
出せるペアは、その思い出について話してもいいです。）

> 相手が思い出しやすいように話す

A：なつかしい、この写真！
　　私／おれ／ぼくたちが来たばかりのとき？

B：うん。そういえば、＿＿＿＿＿＿＿　｛なかった？
　　　　　　　　　　　　　　　　　　よね／な。

> 思い出
> （場面＋気持ち・出来事）

出会う：to meet/相逢、邂逅/gặp gỡ
なつかしい：that brings back memories/怀念/nhớ quá

例

さ く ら：あー、明日のテストやばい。今日寝られないかもし
　　　　　れない。

マ イ ク：おれも…。

山ちゃん：おれも…。そういえば、この前のレポートもおれた
　　　　　ちギリギリだったよな。

さ く ら：そうそう！　みんなで集まってファミレスで書いた
　　　　　よね…。

マ イ ク：**書いた書いた！**　さくらが「寝たら絶対に起こして
ね　　　ぜったい
　　　　　ね！」とか言ってさー。

山ちゃん：**そうそう！**　そしたらマイクが「おれもそのとき寝
ね
　　　　　てたらごめん」とか言ってなかった？

さ く ら：**言ってた！**　山ちゃんも「全員寝ちゃったらもう単
ぜんいん　ね　　　　　　　たん
　　　　　位あきらめるしかない」とか言うから、笑っちゃっ
い　　　　　　　　　　　　　　　　　　　　わら
　　　　　たよね。

ギリギリ：just barely in time/
刚好来得及/sát nút

ファミレス＝ファミリーレ
ストラン（family
restaurant/大众餐馆/
quán ăn gia đình）

全員：everybody/所有人/
ぜんいん　mọi người

単位：credits/学分/tín chỉ
たんい

表現

```
┌ そうそう！（×2回繰り返す）
│　　　　　　　かいく　かえ
│ 言ってた！（強調）
└　　　　　　きょうちょう
　　　┌──┐
　　　│同意│
　　　│どうい│
　　　└──┘
　　　　＋
（人が）「　　　　　　　」┌ とか言ってさー。
　　　　　┌──────┐　└ とか言ってなかった？
　　　　　│誰かのせりふ│
　　　　　│だれ　　　　│
　　　　　└──────┘
```

　思い出話をするとき、特に印象に残った誰かのせりふを引用しながら話
おも　でばなし　　　　　　　　　いんしょう　のこ　だれ　　　　　　　いんよう
すと、もう一度その場にいるような気持ちになり、話が盛り上がります。
　　　　　　　　ば　　　　　　　　　　　　　　　も　あ
このとき、「とか言ってさー。」「とか言ってなかった？」のように「とか」
を使うことで、ちゃんと覚えていなくてもだいたいの内容を引用すること
　　　　　　　　　　　　おぼ　　　　　　　　　　　　ないよう　いんよう
ができます。

　「とか言ってさー。」は「とか言って（おもしろかったよね）」のように、
気持ちを伝える表現が省略されています。「とか言ってなかった？」は、
　　　　　　ひょうげん　しょうりゃく
相手に「言ってた言ってた」のような短い同意や確認を求める表現です。
あいて　　　　　　　　　　　　　　みじか　どうい　かくにん　もと　ひょうげん

印象に残る：to leave an
いんしょう　のこ
impression/留下印象/
để lại ấn tượng

ちゃんと：properly/完全/rõ
ràng, đàng hoàng

求める：to ask for/寻求/yêu
もと　cầu

例) マイク：調べながら来たのにめっちゃ迷ったな。
　　　　　　　　しら　　　　　　　　　　　まよ
　　山ちゃん：まあ、何とか着いてよかったよな。そういえば、韓国旅
　　　　　　　　　　　なん　　　　　　　　　　　　　　　　　　かんこく
　　　　　　行に行ったときも韓国語が話せないのに道に迷って大変
　　　　　　　　　　　　　　　かんこくご　　　　　　　まよ　　たいへん
　　　　　　だったよな。

(せりふ「次はどっちが聞きに行く？」)
　　　　　　つぎ

　　マイク：**大変だった大変だった！**「次はどっちが聞きに行く？」
　　　　　　　たいへん　　　　たいへん　　　　　　つぎ
　　　　　　とか言ってさー。

1) A：はー、だめだ。もう入らない。水も飲めない。

　　B：ほんと。そういえば、みんなで回転寿司に行ったときも食べす
　　　　　　　　　　　　　　　　　　かいてんずし
　　　　ぎたよね。

(せりふ「おなかが破れそう」)
　　　　　　　　　　やぶ

　　A：食べすぎた食べすぎた！＿＿＿＿＿＿＿＿＿＿＿＿＿＿＿＿＿。

回転寿司：conveyor belt
かいてんずし
sushi bar/回转寿司/
sushi băng chuyền

破れる：to burst/破裂/bể, vỡ
やぶ

2) A：絶対大丈夫だって！　うまくいくよ！
　　　　ぜったいだいじょうぶ
　　B：ありがと。元気出てきた！　そういえば、国に帰りたくなった
　　　　　　　　　　げんき
　　　　ときも励ましあったよね。
　　　　　　　はげ
(せりふ「今頑張れば絶対にいいことある」)
　　　　　　がんば　　ぜったい

　　A：そうそう！＿＿＿＿＿＿＿＿＿＿＿＿＿＿＿＿＿。

うまくいく：to go well/进
展顺利/ốn

3) A：はー、眠い。まだ単語覚えてないのに…。
　　　　　ねむ　　　　たんごおぼ
　　B：眠い。そういえば、1学期のテスト前もAの家で一緒に徹夜で
　　　　ねむ　　　　　　　　　　がっき　　　　　　　　　　いっしょ　てつや
　　　　勉強して、次の日遅刻しそうにならなかった？
　　　　　　　　　つぎ　ちこく
(せりふ　先生「テスト中に寝ないように」)
　　　　　　　　　　　　　　ね
　　　　　　　　　　　※「言う」→「言われる」にしてみましょう。

　　A：なったね！＿＿＿＿＿＿＿＿＿＿＿＿＿＿＿＿＿。

単語：vocabulary/词汇/từ
たんご
vựng

～学期：... semester/第～学
がっき　期/học kì ～

第
7
課

も
っ
と
仲
を
深
め
よ
う

タスク 話題を選んで、ペアで自分たちのこと（一緒にした経験／思い出）について話しましょう。話題は自分たちで考えてもいいです。

誰かが言ったことを引用しながらいきいきと伝える

【話題1】自分たちが出会ったばかりのころ

　　　　（Aさんの始め方例：なつかしい、この写真！　私たちが来たばかりのとき？）

【話題2】一緒に経験した天気・天候　（Aさんの始め方例：わ！　すごい雨降ってる！）

A：＿＿＿＿＿＿＿＿＿＿＿＿＿＿＿＿＿＿。 → 今の状況

B：そういえば、＿＿＿＿＿＿＿＿＿ ｛なかった？ / よね／な。｝ → 思い出（場面＋気持ち・出来事）

A：＿＿＿＿！「＿＿＿＿」｛とか言ってさー。 / とか言ってなかった？｝ → 共感（同意＋せりふ引用）

POINT 3　共感が伝わるように、そのときの気持ち・具体的な出来事を表現しながら話す

例

＜買い物中＞

静（セイ）：私たち、迷いすぎ？　まだ決められないね。

さくら：うん。そういえば、そのワンピース買うときもすごく

　　　　迷ったよね。

静（セイ）：**そうそう！**　2人で2時間ぐらいお店にいた**よね！**

ワンピース：dress/连衣裙/
váy dài liền thân

表現

そうそう！	［　　　普通形　過去　　　］	**よね／な。**
同意	そのときの気持ち・具体的な出来事	

　相手の話に同意するだけではなく、そのときの気持ちや具体的な出来事をつけ加えて共感すると、相手ももう一度その場面をいきいきと思い出せるので、話を盛り上げることができます。

練習3　ペアで話しましょう。　🔊 29

例）さくら：うわー！　土砂降りだ！

マイク：わー！　ほんとだ！　そういえば、入学式のときもこれ
ぐらい降ってなかった？

さくら：降ってた降ってた！　雨の音が大きすぎて、先生の声が全
然聞こえなかったよね。

1）A：はあー。このプロジェクト、間に合うのかなあ。

B：このままだと間に合わないかもしれないね。

そういえば、_____。

A：_____！　_____よね／な。

2）A：あはは！　先生、またおかしなこと言ってるー！

B：あはははは！

そういえば、_____。

A：_____！　_____よね／な。

3）A：先輩の乾杯のあいさつ、長いね。

B：うん。そういえば、_____。

A：_____！　_____よね／な。

タスク　話題を選んで、ペアで自分たちのこと（一緒にした経験／思い出）について話しましょう。話題は自分たちで考えてもいいです。

┌─────────────────────────────────────┐
│ 共感が伝わるように、そのときの気持ち・具体的な出来事を表現しながら話す │
└─────────────────────────────────────┘

【話題1】自分たちが出会ったばかりのころ

【話題2】一緒に経験した天気・天候

A：_____。　→　今の状況

B：そういえば、_____ { なかった？ / よね／な。 }　→　思い出（場面＋気持ち・出来事）

A：_____！　_____よね／な。　→　共感（同意＋気持ち・出来事）

91

STEP 3 お互いについて知ろう
たが

> POINT 1 相手が思い出しやすいように話す
> あいて
> POINT 2 誰かが言ったことを引用しながらいきいきと伝える
> だれ　　　　　　　　いんよう　　　　　　　　　　　つた
> POINT 3 共感が伝わるように、そのときの気持ち・具体的な出来事を表現しながら話す
> きょうかん　つた　　　　　　　　　　　　　　　　　ぐたいてき　で　ごと　ひょうげん

◯話そう◯

| 場面例 | 授業に行くと、友だちが先に来ていました。 |
| ば めんれい | じゅぎょう |

　下のテーマの中で、お互いに共有したことで、印象に残る出来事を選ん
たが　きょうゆう　　　　　いんしょう　のこ　で　きごと　えら
で、ペアで話しましょう。最後に、会話を録音しましょう。
さい ご　　　　かいわ　ろくおん

🎤 RECORD

楽しかったこと

（食事・見学旅行など）
けんがくりょこう

見学旅行：a study tour／参観
けんがくりょこう 旅行／chuyến tham
quan để học tập

大変だったこと
たいへん

（授業・課題など）
じゅぎょう　か だい

びっくりしたこと

（天気・天候・地震など）
てんこう　じ しん

1) 「話そう」で録音したものをクラスで聞きましょう。（録音していない
場合は、発表しましょう。）クラスの人は、①どんな思い出だったか、
②どんなせりふを引用していたかに注目して聞き、メモしましょう。
お互いが同じぐらい話しているかにも注目して聞きましょう。そのあ
と、メモしたことをクラスで共有しましょう。

---

① どんな思い出か

例）静さん、マイクさん、さくらさん、山ちゃん：旅行の計画を立てた

　

② せりふ

例）「夏だから海に行きたい」「山にも行きたい」「絶対にホテルじゃなくて旅館がいい」

---

2) 発表者が共有したかったのは、どんな気持ちだったと思うか書きましょ
う。そのあと、クラスで共有しましょう。

例）なかなか旅行の内容が決まらなくて大変だったけど、おもしろかった

---

3) チェックリストを使って、この課でうまく話せたところ、難しかった
ところを振り返りましょう。　　　　　　▶チェックリストはダウンロード

第**7**課

もっと仲を深めよう

この前の店ってあの店？　あれってどれ？

　思い出について話しているとき、相手が話している場所や人が自分の思っているものと同じかどうか確認したい場合は、次のような方法があります。

<思い出した情報を使って確認する>
　① A：そういえば、この前の店、すごくおいしかったよね。

　　　B：<u>あのオムライスの店？</u>

　② A：そういえば、この前の店、すごくおいしかったよね。

　　　B：あー、<u>新宿の地下の、鈴木くんも一緒に行った店？</u>

　①では、「あのオムライスの店」というように何の店かをより具体的に示して確認しています。②のように、共通の経験を具体的に出して確認する方法もあります。思い出せないときは、下の③のように疑問詞を使って相手に聞き、相手からもう少し情報をもらうこともできます。

<疑問詞を使って確認する>
　③ A：そういえば、この前の店、すごくおいしかったよね。

　　　B：<u>え、ごめん、どの店だったっけ？</u>

　　　A：ほら、あのオムライスの！

　　　B：ああ！　あのおしゃれな店ね！　うん、おいしすぎて、「いくらでも食べられる」とか言ってなかった？

　共通の経験（思い出）について確認し、自分もその場のことをしっかり思い出してから話すと、より具体的なことを話しながら盛り上がれます。

オムライス：stir-fried rice wrapped in an omelette/蛋包饭/cơm cuộn trứng

地下：underground/地下/tầng hầm

おしゃれ（な）：stylish/时髦（的）、漂亮（的）/rực rỡ, đẹp

94

	話しことば的な表現 🗨 （てき ひょうげん） Expressions used in spoken language 口语化的表达方式 Mẫu câu dùng trong văn nói	書きことば的な表現 ✏ （てき ひょうげん） Expressions used in written language 书面语化的表达方式 Mẫu câu dùng trong văn viết
接続詞・接続助詞 （せつぞく し　せつぞくじょ し） Conjunctions and conjunctive particles 接续词 / 接续助词 Liên từ	でも／けど	しかし
	〜けど	〜が
	で／それで	そして
	じゃ（あ）	では
	だって／何でかっていうと （なん）	なぜなら／なぜかというと
	〜たら	〜ば
	〜から	〜ので
副詞 （ふく し） Adverbs 副词 Phó từ	あんまり	あまり
	やっぱり／やっぱ	やはり
	ほんと（に）／まじ（で）	本当に （ほんとう）
	超／すごく／すごい／ （ちょう） すっごい／めっちゃ	とても／非常に （ひ じょう）
縮約形 （しゅくやくけい） Contracted forms 缩略形 Dạng rút gọn	〜ちゃう／じゃう	〜てしまう
	〜なきゃ（いけない）／ なくちゃ（いけない）／ ないと（いけない）	〜なければならない／ なくてはならない
音の一部を発音しない （いち ぶ） Not pronouncing all sounds 一部分不发音 Âm câm (một phần không phát thành tiếng)	〜てる	〜ている
	〜とこ	〜ところ
発音を一部、変える （いち ぶ　か） Changing part of the pronunciation 改变一部分发音 Biến âm (một phần âm biến đổi)	〜っていう／ってゆう	〜という
	いろんな	いろいろな
	わかんない	わからない
その他 （た） Other expressions 其他 Khác	友だちの名前（ん）家 （ち） 例）マイクん家／山ちゃん家 （ち）　　　　（ち） ※「ちゃん」「くん」「さん」など「ん」で 終わるときは、そのまま「家」をつけます。 （ち）	友だちの名前 の　家 （うち／いえ）
	地元 （じ もと）	故郷／ふるさと （こ きょう）
	こういう／こうゆう	このような
	そういう／そうゆう	そのような
	ああいう／ああゆう	あのような

■ **男性的／女性的な 表現**　Masculine/feminine way of speaking　男性化的 / 女性化的表达方式　Mẫu câu dành cho Nam/Nữ
　　だんせいてき　じょせいてき　ひょうげん

		男性的な 表現 ◀		▶ 女性的な 表現	
一人称（単数）※ いちにんしょう　たんすう First person (singular) 第一人称(单数)　Ngôi thứ I (số ít)		おれ／ぼく		私	
一人称（複数）※ いちにんしょう　ふくすう First person (plural) 第一人称(复数)　Ngôi thứ I (số nhiều)		おれたち／ぼくたち		私たち	
終助詞 しゅうじょし Sentence-final particles 终助词 Vĩ tố		－ぞ	－よ	－わよ	
		－な	－ね	－わね	
		－よな	－よね	－わよね	
		－か？	－？		
		－のか？	－の？		
			－かなあ	－かしら	
い形容詞 けいようし I-adjectives い形容词 Tính từ đuôi い		すげえ	すごい		
		やべえ	やばい		
		うまい［味］	おいしい		

※ 友だち同士で話すときに使われる
　　どうし
　　主な一人称です。
　　おも　いちにんしょう

> 今、これらの女性的な終助詞を使う若い女性はほとんどいません。多くの若い女性
> 　　　　じょせいてき　しゅうじょし　わか　じょせい　　　　　　　　　　　　　　　　　　　わか　じょせい
> は、男女どちらでも使える中性的な終助詞（この表の中央）を使います。
> 　　だんじょ　　　　　　　　ちゅうせいてき　しゅうじょし　　ひょう　ちゅうおう

この本に出てくる文法用語
　　　　　　　　ぶんぽうようご
Grammatical terms that are used in this book
本书中出现的语法术语　Những mẫu ngữ pháp xuất hiện trong sách này

■ **品詞**　Parts of speech　词性　Từ loại
　　ひんし

名詞 [N]　Noun　名词　Danh từ めいし	動詞 [V]　Verb　动词　Động từ どうし
い形容詞 [い Adj.]　I-adjective　い形容词　Tính từ đuôi い けいようし	疑問詞　Interrogative　疑问词　Nghi vấn từ ぎもんし
な形容詞 [な Adj.]　Na-adjective　な形容词　Tính từ đuôi な けいようし	

■ **活用形**　Conjugated forms　活用形　Chia động từ
　　かつようけい

ます形　Masu-form　ます形　Thể ます けい	普通形　Plain form　原形　Thể thông thường ふつうけい
辞書形　Dictionary form　字典形　Thể từ điển じしょけい	普通形 過去　Plain form past tense　原形 过去 ふつうけい　かこ　　Thể thông thường quá khứ
て形　Te-form　て形　Thể て けい	
た形　Ta-form　た形　Thể た けい	普通形 非過去　Plain form nonpast tense　原形 非过去 ふつうけい　ひかこ　　Thể thông thường phi quá khứ
ない形　Nai-form　ない形　Thể ない けい	終止形　Predicative form　终止形　Nguyên thể động từ しゅうしけい

■ **表現**　Expressions　表达方式　Mẫu câu
　　ひょうげん

授受表現　Benefactive expression　授受表现 じゅじゅひょうげん　Mẫu câu cho nhận	受身文　Passive sentence　被动句　Câu bị động うけみぶん
可能表現　Potential expression　可能表现 かのうひょうげん　Mẫu câu khả năng	否定疑問文　Negative question　否定疑问句 ひていぎもんぶん　Câu hỏi phủ định

謝　辞

　本書のはじまりは、10 年前に始めた小さな勉強会でした。完成に至るまでには、多くの方々の
お力添えを賜りました。まず、着想の段階から繰り返し相談に乗ってくださり、助言をくださった
筒井佐代先生（大阪大学）に感謝申し上げます。また、試作段階の教材に目を通しフィードバック
をくださった伊藤翼斗さん（京都工芸繊維大学）、お一人お一人お名前を挙げることはできません
が、研究会などで助言やフィードバックをくださった先生方にもお礼申し上げます。筆者の今田が
本書の着想に至ったきっかけは、岩田夏穂先生（武蔵野大学）、初鹿野阿れ先生（名古屋大学）が
当時ご作成中だった会話教材に関する発表を拝聴したことでした。両先生にも、この場を借りてお
礼申し上げます。

　本書は、大阪大学日本語日本文化教育センターにて 3 年 6 期にわたって試用してまいりました。
授業を受講してくれた留学生の皆さんからは、大変示唆に富むフィードバックと、楽しい会話をい
つも提供していただき、本書作成の大きな励みになりました。ありがとうございます。大阪学院大
学で本書の試用版をお使いくださり、有益なフィードバックをくださった渡辺祥子先生と、学生の
皆様にもお礼申し上げます。実践の場がなかった初期の頃、模擬授業に快くご協力くださった筆者
らの大学院生時代の仲間である元・留学生の皆様にも、この場を借りて深くお礼を申し上げます。
翻訳をしてくださったベーケー・リサ先生（大阪大学）、李娜さん、チャン・コン・ヤンさんには、
細かなニュアンスを汲み取っていただき、適切な訳に仕上げていただきました。ありがとうござい
ます。イラストレーターの村山宇希様には、筆者らの登場人物たちへの思い入れがあまりにも強す
ぎたために、ご苦労をおかけしてしまいました。愛すべきキャラクターたちに仕上げてくださった
ことに、感謝申し上げます。

　本書の作成に当たっては、留学生と日本人大学生の会話や日本人大学生同士の会話を録音し、「仲
間」としてふるまう方法を「会話分析」という研究手法を使って分析しました。会話の録音を快諾
くださった皆様にも、この場を借りてお礼申し上げます。

　最後になりましたが、本書のアイデアがまだ小さなタネだった頃から関心を持ってくださり、ブ
ラッシュアップに惜しみなくご尽力くださったくろしお出版編集部の市川麻里子さん、金髙浩子さ
んに感謝いたします。

2021 年 6 月　著者一同

著者紹介

今田恵美（いまだ・えみ）
立命館大学授業担当講師。大阪大学大学院言語文化研究科言語文化専攻博士後期課程修了（博士（言語文化学））。専門は日本語教育学、会話分析。立命館大学嘱託講師、大阪大学等での非常勤講師を経て現職。著書に『対人関係構築プロセスの会話分析』（大阪大学出版会）。

髙井美穂（たかい・みほ）
大阪大学日本語日本文化教育センター准教授。大阪大学大学院言語文化研究科言語社会専攻博士前期課程修了（修士（言語文化学））。専門は日本語教育学、会話分析。摂南大学特任講師、大阪大学講師を経て現職。

吉兼奈津子（よしかね・なつこ）
神戸学院大学グローバル・コミュニケーション学部講師。大阪大学大学院言語文化研究科言語社会専攻博士前期課程修了（修士（日本語・日本文化））。専門は日本語教育学。大阪大学等での非常勤講師を経て現職。著書に『日語会話技巧教程』（共著、南開大学出版社）。

藤浦五月（ふじうら・さつき）
武蔵野大学グローバル学部准教授。大阪大学大学院言語文化研究科言語文化専攻博士後期課程修了（博士（言語文化学））。専門は社会言語学、会話分析。著書に『大学生のための表現力トレーニング　あしか』（共著、ココ出版）。

田中真衣（たなか・まい）
元大阪大学非常勤講師。大阪大学大学院言語文化研究科言語社会専攻博士前期課程修了（修士（日本語・日本文化））。専門は日本語教育学、会話分析。著書に『日語会話技巧教程』（共著、南開大学出版社）、『実践日本語コミュニケーション検定・ブリッジ問題集』（共著、ウイネット出版）、「大阪道頓堀の国際化と多言語景観」『ことばと文字』11号（共著、公益財団法人日本のローマ字社）。

関係作りの日本語会話　雑談を学ぼう
かんけいづく　　　にほんごかいわ　　ざつだん　まな

2021年6月22日　　第1刷 発行
2023年3月31日　　第2刷 発行

[著　者]　　今田恵美・髙井美穂・吉兼奈津子・藤浦五月・田中真衣
　　　　　　いまだえみ たかいみほ よしかねなつこ ふじうらさつき たなかまい

[発行人]　　岡野秀夫
[発行所]　　**株式会社 くろしお出版**
　　　　　　〒102-0084　　東京都千代田区二番町4-3
　　　　　　Tel : 03·6261·2867　　Fax : 03·6261·2879
　　　　　　URL : www.9640.jp　　Mail : kurosio@9640.jp

[印　刷]　　藤原印刷株式会社

● 英語翻訳
　Lisa BEKÉ（大阪大学）
● 中国語翻訳
　李娜
● ベトナム語翻訳
　Trần Công Danh
● 本文デザイン
　竹内宏和（藤原印刷株式会社）
● イラスト
　村山宇希（ぽるか）
● 装丁デザイン
　仁井谷伴子
● 音声収録
　VOICE-PRO